PARA SIEMPRE

PARA SIEMPRE

Lo que la adopción nos enseña
sobre el corazón del Padre

Aixa de López

ESPAÑOL
NASHVILLE, TENNESSEE

Para Siempre: Lo que la adopción nos enseña sobre el corazón del Padre

Copyright © 2020 por Aixa García de López
Todos los derechos reservados.
Derechos internacionales registrados.

B&H Publishing Group
Nashville, TN 37234

Clasificación Decimal Dewey: 248.4
Clasifíquese: RELIGIÓN / VIDA CRISTIANA/ GENERAL

Toda dirección de Internet contenida en este libro se ofrece solo como un recurso. No intentan condonar ni implican un respaldo por parte de B&H Publishing Group. Además, B&H no respalda el contenido de estos sitios.

A menos que se indique otra cosa, las citas bíblicas se han tomado de La Santa Biblia, Nueva Versión Internacional®, © 1999 por Biblica, Inc.® Usadas con permiso. Todos los derechos reservados. Las citas bíblicas marcadas NBLH se tomaron de la Nueva Biblia Latinoamericana de Hoy®, © 2005 The Lockman Foundation. Todos los derechos reservados. Usadas con permiso. Las citas bíblicas marcadas RVC se tomaron de la Reina Valera Contemporánea®, © 2009, 2011 por Sociedades Bíblicas Unidas. Usadas con permiso. Las citas bíblicas marcadas LBLA se tomaron de LA BIBLIA DE LAS AMÉRICAS, © 1986, 1995, 1997 por The Lockman Foundation. Usadas con permiso.

ISBN: 978-1-5359-9538-2

Impreso en EE.UU.
1 2 3 4 5 * 23 22 21 20

Contenido

Dedicatoria

A Haylin

Descanso en la soberanía de nuestro Padre y bendigo el día que nos conocimos. Todas tus cicatrices serán insignias de gracia y tu dolor será redimido para la gloria del Padre. Él es tu final feliz y tu para siempre.

A Norman, Sandra y Dustin Howell

La primera familia que me convidó a su gran historia de amor y quebranto, de redención y dolor, de adopción y adiós... Gracias por dejarme ver al Padre a través de las grietas de sus vidas y enseñarme que el fin de la adopción no es producir una escena de película, sino más bien, correr fielmente con los ojos puestos en Cristo, porque Él es digno, pase lo que pase.

A todos los que no han encontrado descanso en el hombro de su padre terrenal

> *Aunque mi padre y mi madre me abandonen,*
> *el Señor me recibirá en sus brazos*
> (Sal. 27:10).

Gracias

A los López García

Ustedes me conocen y me aman, y yo a ustedes. Tenerlos es gracia sobre gracia. Que el Autor de nuestra historia continúe glorificándose en nuestro quebranto. Los amo y anhelo el día en que juntos veamos al que tanto esperamos.

«Estoy convencido de esto: el que comenzó tan buena obra en ustedes la irá perfeccionando hasta el día de Cristo Jesús. [...] Esto es lo que pido en oración: que el amor de ustedes abunde cada vez más en conocimiento y en buen juicio, para que disciernan lo que es mejor, y sean puros e irreprochables para el día de Cristo, llenos del fruto de justicia que se produce por medio de Jesucristo, para gloria y alabanza de Dios» (Fil. 1:6, 9-11).

A Sarita, David, Pao y demás tropa de Alianza Cristiana para los Huérfanos

Apenas podemos empezar a ver de este lado de la eternidad el impacto profundo que sus vidas rendidas al Señor han tenido en este mundo y el venidero. Trabajar por la causa del huérfano y por encima de eso, por el evangelio, es una declaración de lo que creemos: que la vida vale más que nuestra comodidad, reputación o lazos sanguíneos, y que cada historia tiene un solo principio y final: Dios. Gracias al Señor por la provisión de esta familia extendida que se ríe y llora al compás de Efesios 1:4-6: «Dios nos escogió en él antes de la creación del mundo, para que seamos santos y sin mancha delante de él. En amor nos predestinó para ser adoptados como hijos suyos por medio de Jesucristo, según el buen propósito de su voluntad, para alabanza de su gloriosa gracia, que nos concedió en su Amado».

A mis hermanas, las de sangre y las de Sangre

El camino estrecho se siente holgado porque vamos juntas. Soy muy dichosa porque Dios me abraza a través de ustedes.

Introducción

Un poco de mi historia

El 18 de febrero de 2013, regresábamos del segundo entierro del año. Dos personas importantes en la vida de Alex y mía habían terminado su carrera.

Estar en el cementerio el día que uno cumple años es bastante raro, pero sumamente útil. Vi clarísimo que la vida se va pronto, como un visitante muy deseado que tiene que hacer otro mandado. Como dice un amigo, no sabe uno si está cumpliendo un año más o uno menos… Y es que justo en esos días, también leí un artículo sobre Bronnie Ware, una enfermera que se especializó en asistir a pacientes en su etapa terminal, y mientras lo hacía, logró recopilar los lamentos más frecuentes en esos últimos días, y me marcó. El reproche número uno es «no vivir una vida auténtica, sino una conforme a las expectativas de los demás».

¿A qué me estaba llamando Dios? No se puede terminar bien una carrera sin estar en la pista que Él destinó para que corriera.

Ese día, resolví como nunca antes que no me iba a morir sin vivir la vida que Dios había destinado para mí; pagaría el precio de obedecer Su voz y viviría radicalmente. De una sola pieza. Para Él.

Dios no se pone en marcha porque nosotros nos decidimos; nos decidimos porque Él ya se puso en marcha.

Ese año pasó a la historia como uno de los más felices. No fáciles. Felices. Empezamos a decidir y cosas empezaron a pasar. La vida no cambia porque uno tiene buenos deseos o sueños nobles. Cambia cuando uno hace lo que no había hecho y llama a la puerta que uno siempre había pensado pero nunca se había atrevido; el timbre de ese lugar donde Jesús se ríe y llora con los niños, donde besa la frente de los ancianos, donde sostiene la mano del enfermo, donde abraza al afligido. Allí empiezan los movimientos que transforman vidas.

Pocos eventos tienen el poder de volcar la vida como el embarazo. Había tenido dos embarazos muy dichosos y poco complicados. Este otro está en su propia liga... *¿Cómo explica uno un embarazo del corazón?* Mientras muchas amigas exhibían sus vientres crecientes para que el mundo entero las viera, yo recordaba las palabras que caracterizaron a María: «y meditaba todas estas cosas en su corazón». Yo había empezado a orar acerca de adoptar. Y entre más entendía mi estatus de hija muy querida, más me dolía ver el estatus del huérfano. Muchas veces, una esposa y mamá que ora para que ella y su familia experimenten a Jesús es peligrosa en el mejor de los sentidos.

Durante nuestros meses de espera, veía los espacios para embarazadas en los estacionamientos de los centros comerciales y tenía que pasar de largo. Mi ilusión y amor pesaban como tres panzas, pero eso no vale para parquearse.

En un blog muy tierno, leí sobre una hija que llegó a casa por medio de la adopción. Su familia estaba en el circo el día que ella nació. ¿Yo? No sé exactamente qué estábamos haciendo cuando nacieron nuestras dos pequeñas, pero estoy absolutamente segura de que Dios estuvo allí haciendo lo que Él sabe hacer, desde Su vista majestuosa de águila, uniendo nuestras vidas en un destino apuntado para la gloria de Su nombre. Jesús estuvo allí y eso me basta. Si Él conocía nuestro principio, también sabe nuestro final. Si esto es vivir auténticamente para hacerlo a Él famoso, es un honor. Si la obediencia para nuestra familia es dar la bienvenida a otro par de piecitos que caminarán junto a los nuestros, ¡QUÉ BELLEZA DE PLAN!

Es asombroso pensar que podemos desplegar una imagen del amor de Dios en la cual no solo somos familia por lazos de sangre, sino por lazos de amor de pacto, en la cual no hace falta que nos parezcamos para ver en los ojos del otro al Jesús de la Biblia que amó a colores. Uno puede escoger construir una vida de acuerdo con sus planes —pero eso es un trabajo agotador— sin tregua, y sin gloria verdadera. Vivir para el plan de Dios implica morir —no solamente tratar, sino morir—; pero lo que obtenemos a cambio es una relación viva, cálida, donde hay descanso, donde nuestro corazón de huérfanos es reentrenado para confiar. Me desafía caminar por el camino menos transitado que no ama porque tenga garantías o porque convenga. Es emocionante (y a ratos también aterrador) vivir la verdad del evangelio que proclama que no estamos condenados simplemente a replicar lo que traen nuestros genes, que nadie es un caso perdido y que el poder del Espíritu Santo del Dios que vive es el que ama tan incansablemente, que derrite hasta transformar.

El camino de la adopción es uno poco transitado en nuestro contexto latinoamericano, y es un privilegio traer a la familia a alguien, porque es como desatar una ola que impacta hasta quién sabe dónde...

La razón de este libro

«He despertado en el redil, no sé cómo, entre algodones y cuidados del pastor...». Esa belleza de canción fue de las primeras con las cuales me identifiqué siendo nueva creyente, y que me llevó a las lágrimas más de una vez. Con su vena poética, Marcos Vidal describe el misterio de haber sido trasladado a un lugar hermoso, seguro y permanente. Cuando la escucho, casi puedo sentir la tibieza y el aroma del lugar. Me encantaría pedirle que adaptara una estrofa que dijera algo como: «He despertado en esta casa y, ¡dime! ¿Cómo? Recibiendo besos y sonrisas de un nuevo Papá». Porque, aunque el concepto de Dios como Padre y nosotros como hijos es muy común e incluso ampliamente aceptado —aun por no creyentes—, he notado cuán poca enseñanza y exposición existe sobre el cómo llegó a suceder tal cosa. Incluso nos fascinan los títulos de príncipes y princesas, herederos y linaje escogido, pero sin dedicar espacio a meditar en la manera en que eso pudo ser posible.

Aunque indudablemente el proceso biológico que me convirtió en mamá las primeras dos veces refleja de forma majestuosa el carácter de Dios, y sin duda Él usó con poder esa experiencia para revelarse a mi vida, fue en el año 2014 que nuestra familia comenzó a navegar por el río llamado adopción, y el trayecto me está dejando lecciones asombrosas e imposibles de guardar acerca de lo que implicó para el Señor llevarnos a Su mesa.

Lo escribo en tiempo presente porque ser papás es para siempre y no dejaremos de aprender jamás. Con el avance de esta historia que Dios ya tenía escrita, voy teniendo nuevas vistas y aprendizaje a cada trecho del recorrido y, sin embargo, necesito aclarar que este no es un libro autobiográfico. Primero, porque sería extremadamente pretencioso… ¡solamente llevamos unos seis años y medio en esto!

Y segundo, porque no quiero exponer la privacidad de nuestras hijas que vinieron por el milagro de la adopción. Al final, es *su* historia y quiero respetarla.

Agregado a esto, no soy experta. Soy una mamá que ama al Señor y que, de paso, escribe. Como a menudo digo en nuestro grupo de apoyo llamado Corazones Fértiles, estamos juntos aprendiendo y nos necesitamos unos a otros, y por eso allí no existen «líderes», sino solo anfitriones. Llego arrastrándome a esa reunión la mayoría de las veces y jamás salgo con menos que el corazón enternecido por lo que Cristo efectuó a mi favor en la cruz del Calvario, muy a pesar de mí. Hacemos un círculo con esas sillas de plástico y abrimos nuestros libros y nuestros corazones. Cada mes, se hace necesario reubicarnos viéndonos a los ojos, animándonos al recordar que no vamos solos y que la lucha por amar, aprendiendo a ser padres, nos obliga a seguir aprendiendo a ser primero hijos.

Lo digo con frecuencia: sinceramente, cada vez entiendo menos cómo se puede adoptar sin el recurso del evangelio... porque en cada etapa de este recorrido, lo que me ha sostenido es conocer que Dios me ha amado sin límites en mis peores días.

Muchas de las historias que llenan estas páginas para ilustrar el evangelio salieron de ese grupo de gente bella que decidió no solo recibir a pequeños extraños en sus vidas, sino encarar los particulares retos y alegrías que implica ese recibimiento, caminando junto a una comunidad que, si bien no puede resolver cada dolor, acompaña, abraza y sabe celebrar victorias enormes como el cambio de nombre o el abrazo voluntario después de años de tratar de alcanzarlo.

El propósito de este libro no es idealizar la adopción ni a las familias que las vivimos, sino muy por encima de eso, ver juntos la Escritura a través de la ventana que Dios abre en este mundo caído por medio de familias como la nuestra, rotas y sostenidas por la gracia, para por fin ver más claramente cómo fue que llegamos a los brazos de este Papá que nos hizo suyos para siempre.

También quiero resaltar que este no es un libro técnico ni científico sobre trauma, psicología infantil o situaciones similares, pero encontrarán términos y breves explicaciones de esos campos, simplemente porque a medida que yo misma he ido aprendiendo, me asombra poder ver las huellas del Creador en cada detalle biológico, cada explicación científica y cada porqué detrás del comportamiento humano; por eso mi alegría no sería completa, ni sería fiel administradora de lo que he recibido por gracia, sin repartirlo a quienes me leen.

Para terminar, sepan que la mayoría de los nombres fueron cambiados y algunos detalles en las historias fueron alterados para guardar la privacidad de los niños y sus familias.

ALGUNOS TÉRMINOS ÚTILES PARA FACILITAR LA LECTURA Y UNIFICAR CRITERIOS:

Orfanato

Aunque en Guatemala, donde vivo, no se usa ese término desde hace tiempo, comprendo que será más fácil distinguir durante la lectura esta palabra, en vez de «Hogar de abrigo y protección», que es lo que hoy se usa para referirse a instituciones que acogen niños y adolescentes cuando sus familias de origen no cuentan con la capacidad de resguardarlos.

Familia biológica

Usaré esta expresión para referirme a la familia de origen de los niños que llegaron por medio de la adopción, para diferenciarla de su familia actual. No es la «verdadera familia» o «la familia real». Su familia «verdadera» o «real» es la que corre a comprar al supermercado, los inscribe en el colegio, celebra sus cumpleaños, los disciplina y los y los ayuda al caerse cuando aprenden a andar en bicicleta.

Hijos biológicos

Los que llegaron a la familia por la vía «convencional». Usaré esta expresión cuando sea estrictamente necesario para claridad en las historias.

¡Aprovecha bien este libro!
Anota y medita

Cada capítulo terminará con una sección llamada: «Anota y medita». La incluí después de leer a conciencia un par de libros de estudio en los cuales me obligaban a pensar mucho y escribir. Realmente es un ejercicio que pareciera sencillo, pero hace que la información aterrice y te permite procesarla. Lee lo que haya que leer, date tiempo para pensar y meditar y anota lo que tengas que anotar. Dios puede hacer mucho en esos momentos.

1

El diagnóstico:

un corazón huérfano

En otro tiempo ustedes estaban muertos en sus
transgresiones y pecados, en los cuales andaban conforme
a los poderes de este mundo. Se conducían según el que
gobierna las tinieblas, según el espíritu que ahora ejerce
su poder en los que viven en la desobediencia. En ese
tiempo también todos nosotros vivíamos como ellos,
impulsados por nuestros deseos pecaminosos, siguiendo
nuestra propia voluntad y nuestros propósitos. Como los
demás, éramos por naturaleza objeto de la ira de Dios.

Efesios 2:1-3

El orfanato secreto

Ellos asentían con la cabeza y una sonrisa a medio pintar; la fachada intacta, pero planeaban constantemente solucionar

las cosas a su manera. Oían las voces de este par que había
llegado a su vida sin realmente pedirlos —aunque los necesitaban
desesperadamente— y los oían y asentían porque habían
aprendido cómo se mantiene esa paz superficial que a los adultos
nos encanta tanto, aquella con la cual podemos seguir con las
tareas del día pensando que todos estamos «bien». Asentir sin
confiar se vuelve una especialidad de tantos de los pequeños
sobrevivientes que por fin aterrizan en una familia porque
han llegado a concluir (aun sin poder realmente entenderlo o
articularlo) que es inútil confiar en alguien más y que lo único
seguro es lanzar una cuerda hacia el pozo profundo de ellos
mismos, ignorando que es una muerte segura.

Después de lograr distinguir una serie de banderas rojas, esta
mamá estaba al borde de lo que ella sentía como locura. Las
mentiras, las miradas perdidas, la falta de palabras, las amistades
peligrosas, los desprecios y los berrinches eran exactamente
como los recordaba con sus hijos biológicos cuando tenían dos
años, pero ahora estaba reviviéndolos con un par de niños de
cuerpos fornidos que arribaron con músculos desarrollados en
el campo de fútbol del orfanato por años… músculos que se
desarrollaron debajo de una piel sedienta de afecto seguro.

Pero había llegado la mañana que lo cambiaría todo, o al menos,
le daría el valor de enfrentar la realidad: el acto de adopción aún no

había hecho efecto en estos corazones, que si bien habían cambiado de domicilio y nombre, seguían arraigados a su vieja manera (la *única* manera) que conocían de hacer las cosas. Fue como si algo —o Alguien— invisible tomara sus manos para entrar en esa habitación y hacer una limpieza más allá de lo normal. Lo que comenzó como una mañana para organizar mientras todos estaban en el colegio terminaría en un nuevo plan que atendía a la urgencia más fuerte: la orfandad que aún regía esos corazones.

A medida que avanzaba la tarea de recoger, tirar y reordenar, la mamá fue descubriendo cosas que iban simultáneamente rompiéndole el corazón y también el orgullo, y encendiendo una furia que no había conocido antes. Cartas escritas a chicas con un lenguaje (¡e ilustraciones!) que nunca habrían dicho o mostrado frente a ella o el papá, botellas de gaseosa —una bebida restringida en la casa— escondidas en el fondo del ropero, una billetera llena de dinero que Dios sabe de dónde habría salido... Este par de criaturas de diez años y menos había desarrollado todo un sistema que les permitía vivir en su pequeño mundo (yo le llamo «orfanato dentro de la familia»), al mismo tiempo que gozaban de la protección y los beneficios de haber sido bienvenidos. Dicho en otras palabras: salieron de la orfandad, pero la orfandad no había salido de ellos. Ya era hora de que esto terminara de una vez por todas, o al menos, de que comenzara una nueva etapa en estas vidas.

La piedra fundamental llamada APEGO

Nadie nace con un título en crianza, y después de ser madre biológica dos veces, puedo dar fe de que para ser madre por adopción, no solo necesito aprender muchísimo, sino también desaprender otro tanto. Estas son otras ligas, pero he tenido evidencias de la gracia y el cuidado del Señor al proveer recursos en mi camino que me ayudaron a comprender el porqué de tantas cosas y más allá, me equiparon para amar a mis dos chicas de orígenes difíciles y ver allí destellos del propio corazón de Dios.

Como les dije en la introducción (si es que la leyeron; si no, pongan aquí el separador y regresen... los espero), no intento hacer creer a nadie que soy experta o que este libro es sobre psicología infantil, pero es inevitable mostrarles mi asombro ante los simples hechos de nuestra naturaleza y conducta humana y de cómo fuimos diseñados por Dios; cada función biológica, cada comportamiento de sobrevivencia, nos habla de algo mayor y más trascendente. Por eso, conocer un poco más acerca de cómo funcionamos y los efectos del trauma en nuestros cuerpos, mentes y corazones ha bendecido mi vida, no solo como mamá sino como hija de Dios.

Me atrevo a pensar que si el pueblo de Dios supiera más sobre trauma infantil o trauma en general, crecería en su asombro sobre el incomparable buen Padre que tenemos y cómo nos diseñó para anunciarse aun en medio de las carencias más severas.

Diane Langberg, una respetada terapeuta experta en temas de abuso, ha dicho que el campo misionero más fértil bien podría ser el del trauma.

Uno de los recursos más valiosos fue haber sido invitada a participar del entrenamiento llamado Cuidadores Competentes en Trauma (Back2Back Ministries). Allí se especifica que existen tres hitos de desarrollo que los bebés alcanzan al recibir la provisión necesaria para sus necesidades: la permanencia de objetos (la comprensión de que los objetos o las personas siguen existiendo, aunque no se los pueda ver, oír o tocar), la autorregulación (la habilidad de manejar emociones sin ayuda externa) y el apego.

En el librito *Wise Short-Term Missions* [Viajes misioneros sabios][1] se ofrece una definición sencilla y acertada de lo que es el apego:

> *Es el lazo emocional que se forma cuando un adulto seguro suple de forma consistente las necesidades de un niño a través del tiempo. Para niños que han experimentado trauma o pérdida, el apego es especialmente crítico para la sanidad. El apego afecta de por vida la habilidad de formar relaciones sanas.*

---

[1]Publicado por CAFO-OVC Research [Alianza Cristiana para los Huérfanos, Investigación pro Niños Huérfanos y Vulnerables].

*Presta oído, Señor, a mi oración; atiende a la voz de mi
clamor. En el día de mi angustia te invoco, porque tú me
responde* (Sal. 86:6-7).

Ningún ser humano en la historia del universo fue diseñado
para vivir independiente de los demás o de Dios, y mucho
menos al inicio de su vida. Nuestro Dios es fundamentalmente
relacional y al hacernos a Su imagen y semejanza, nos *cableó* para
sentir la necesidad profunda de forjar caminos que nos conecten
con otros, y al final anunciarnos que no nacimos para nosotros
mismos, sino para Él. Esto nos lo muestra vez tras vez en toda
la creación, incluyendo las complejas y misteriosas relaciones
humanas.

En una familia «normal», cuando se le da la bienvenida a
un pequeño y frágil bebé, él o ella se va a casa con un papá
y una mamá inexpertos, pero idealmente, con la dicha de la
asistencia de un par de abuelas amorosas e ilusionadas, además
de abuelos, tíos y el resto de la familia extendida y la familia
espiritual. El día entero, especialmente durante los primeros
meses, se construye de ciclos nada glamorosos en los que el
bebé necesita algo y papá o mamá —¡o todos los anteriormente
mencionados!— corren a investigar, responder y solucionar lo
que sea que ese pequeño necesita.

En este momento, podemos también empezar a calcular el inmenso valor en el diseño de la lactancia materna. Todo concluye con el final más dulce y feliz que un recién nacido pudiera soñar: el toque envolvente, el olor inigualable, el sonido del corazón que lo arrulló nueve meses y la distancia absolutamente perfecta para que sus ojos débiles puedan enfocar su paisaje favorito, el rostro de su mamá. Toda esta experiencia afectiva y sensorial sustenta muchísimo más que el crecimiento físico, porque el fin máximo es grabar en la mente y el corazón que *soy de alguien, estoy seguro.*

Estos ciclos de llanto-atención, protesta-respuesta, se cierran cientos de veces durante el día —¡y la noche!— (o al menos, parece esa cantidad y más) por diseño divino, porque tienen el propósito de crear los lazos de confianza que serán la base que le permitirá al bebé ir construyendo *todo* lo demás en su vida. Por eso me preocupo y entristezco cuando veo mamás que no recogen a sus bebés para alimentarlos, sino que les colocan la pacha (el biberón) con alguna cuña improvisada para sostenerla y los dejan en su carrito constantemente (nota la palabra *constantemente*). También me entristezco cuando noto que la niñera es la que recibe los abrazos, las caricias, las risas y las llamadas de ayuda porque la mamá esta muy ocupada en su *brunch*. Ese es otro tipo de orfandad en donde también se sufre trauma.

Mamás jóvenes: el tiempo vuela, y el cansancio pronto se vuelve un recuerdo. Abracen, besen, miren a los ojos, memoricen esas manitas, jueguen, canten, lean… aseguren una rutina repleta de contacto físico y ciclos repetitivos predecibles. Los frutos llegarán.

Es precioso ver esa coreografía que se desenvuelve en un ambiente familiar típico (incluyendo todos los defectos y fallas) y casi siempre, sin que las partes realmente se den cuenta del milagro que sucede dentro del cerebro y la conexión que se forja con cada pequeña conversación y sonrisa. Es algo mágico observar con detenimiento estas interacciones que, al cabo de un par de meses de respuestas consistentemente amorosas, harán que el bebé conozca bien cuál es su lugar seguro y se quejará si percibe que algo no está bien.

Amo especialmente encontrarme a alguna mamá joven que empuja el coche donde va su bebé y cómo, sin excepción, cuando me agacho a saludar al bebé que ya tiene la capacidad de sentarse solo e ir viendo al frente, voltea instantáneamente hacia el rostro de su mamá para verificar que soy alguien seguro, y solamente se relajará o sonreirá cuando reciba la señal aprobatoria de la expresión o las palabras de ella. Este delicado proceso es una marca maravillosa de que este pequeño bebé ha llegado a depender de su mamá como debe ser y ella (y los demás adultos seguros en su vida) es el referente de lo que es bueno y seguro y de lo que no lo es.

Decir que un bebé es «huraño» porque llora en brazos de alguien que no conoce es erróneo e incluso ignorante, porque este es un apego deseable y saludable, en especial durante el primer año. ¿Cómo nos sentiríamos si, de la nada, un perfecto extraño nos apretara un cachete y nos acariciara la cabeza estando parados en la estación de autobús? ¡No tardaríamos en pegar un grito y estamparle una buena cachetada! Creo que nadie podría llamarme huraña o maleducada ante esa situación y, sin embargo, eso es exactamente lo que esperamos que nuestros bebés toleren.

Hay un momento para todo, y ciertamente llegará el día en que ser sociable, educado y amable no será negociable, pero jamás podemos esquivar la etapa en la cual los pequeños aprenden a identificar con perfecta claridad quiénes son los adultos seguros de su vida bajo nuestra guía, límites y ejemplo. Además, debo aclarar que aun cuando llega la edad del famoso «m'ijo, salude», eso no significa que debamos empujar a los niños a ser monitos de circo, listos para dar un espectáculo a cuanta gente se nos ocurra. Parte de amar a nuestro prójimo (sí, ¡nuestros hijos son nuestros prójimos!) es respetar sus personalidades y velar porque sus necesidades básicas estén cubiertas antes que nada, porque un niño con hambre o sueño rara vez será un niño demasiado amable y educado.

En un ambiente donde un niño es apreciado, guiado y protegido, recibe el fundamento que le permitirá esencialmente *CONFIAR* y, por ende, salir a explorar el mundo de manera segura.

LA TRAGEDIA DE LOS CICLOS NO CERRADOS

Ahora lloro en los benditos *baby showers*, y no creo que sea por la edad. Antes eran solamente una buenísima excusa para juntarnos con amigas, aconsejar a la nueva mamá y bendecirla con muchas cosas útiles para su nuevo reto; pero ahora no puedo dejar de ver alrededor los globos, las flores, los regalos y las mesas llenas de una familia que sonríe porque ama antes de conocer y abraza solo porque sí. Pienso en la fortuna que esa criatura ya posee solo por pertenecer, veo todos los brazos que la sostendrán, las manos que cocinarán para sus papás y acomodarán la almohada a su mamá la primera vez que la amamanten. Esos miles de ciclos serán cerrados. Y me enternece profundamente, aunque la mayoría de las asistentes no midan el impacto de lo que mis ojos, levemente entrenados en trauma, pueden llegar a ver. Cada nacimiento es un milagro, pero todo lo que pasa después de que un bebé llega a una familia es aún más milagroso.

Pienso en mis niñas pequeñas y lo qué pasó —o no pasó— durante las semanas y meses en que eran tripulantes de vientre... lo que sabemos acerca de esa etapa de sus vidas es básicamente nada, pero no me cuesta adivinar que nadie hizo una fiesta porque venían; y que quede claro, el punto no es la fiesta o los regalos, es todo lo que encierra ese acto que podríamos llamar «trivial». Los orígenes difíciles no comienzan al nacer o al ser separado de una familia biológica, sino antes.

Para Darly Alejandra, la fiesta de bienvenida tuvo que esperar seis años y medio. Para Evelyn, nueve años y medio. No tengo idea de cuántas veces lloraron en sus cunas sin recibir respuesta o sonrieron sin tener quién lo celebrara. No hace falta que tenga los detalles para distinguir que tarde o temprano, en esos trechos sin nosotros, debieron aprender a llorar para adentro y concluyeron que lo único seguro es que todos al final se van y que más vale resolver mis asuntos «como se pueda». En sus pequeñas mentes y corazones, no existía más que la hipervigilancia y una constante postura de defensa que, claro, podía disfrazarse de muchas maneras. Seis y nueve años sin poder realmente confiar. Seis y nueve. Así llegaron... y así llegamos todos...

... también todos nosotros vivíamos como ellos,
impulsados por nuestros deseos pecaminosos,
siguiendo nuestra propia voluntad y nuestros
propósitos... (Ef. 2:3).

TODOS NACEMOS HUÉRFANOS

Por medio de un solo hombre el pecado entró
en el mundo, y por medio del pecado entró la
muerte; fue así como la muerte pasó a toda la
humanidad, porque todos pecaron (Rom. 5:12).

En mi pequeño, bello y roto país, Guatemala, nos alegramos muchísimo cuando por primera vez uno de nuestros representantes, Erick Barrondo, ganó una medalla de plata en caminata, en las Olimpiadas de Londres 2012. Todos gritamos: «¡Ganamos!»; no porque alguna vez pisáramos la pista, nos amarráramos los zapatos especiales, o le compráramos siquiera media tortilla al celebrado deportista, sino porque él usaba nuestra bandera en su camiseta. Nos representaba y cuando cruzó la meta, ¡todos cruzamos con él!

Como Barrondo, también un hombre representó a la humanidad entera en aquel jardín perfecto, pero allí perdimos. Misteriosamente, con su resbalón, nos quebramos todos. El universo entero se desorbitó cuando Adán y Eva dudaron del amor y los planes perfectos de Dios y creyeron la mentira del diablo: «Pueden ser como Dios». Desde allí, nacemos enfermos de delirio de grandeza, de soberbia y fiebre de gloria; creemos que doblegarnos ante el Creador es opcional. Creemos que existe alternativa y que podemos añadir a Dios a lo que queremos construir con nuestras fuerzas; creemos que tenemos la capacidad de inventar nuestras propias reglas y tomar decisiones independientes de nuestro Creador.

Inauguramos un pequeño orfanato secreto dentro de Su propia casa, escondemos «tesoros» en el fondo de nuestros armarios (solo por si acaso), cuando en realidad es basura que evidencia que aún no creemos que Él sea verdaderamente bueno, o que nos haya dado acceso a lo mejor: una relación de confianza con Él. Estamos contentos con que nos extienda la mano sin querer contemplar Su rostro, y vivimos pensando que eso es ser hijo: recibir cierta comodidad, obtener ciertos beneficios y hacer o dejar de hacer ciertas cosas, llenar ciertos requisitos y así «tenerlo contento». Y, claro, pensamos eso porque no lo conocemos en realidad. Somos tan altaneros y limitados al no comprender que se trata del Rey del universo, que llegamos a creer que es posible negociar con Él haciéndole favores, como si Él necesitara algo de nosotros.

Viviendo así, violamos completamente el diseño amoroso, perfecto y divino. Asentimos sonriendo y hasta decimos: «Yo creo en Dios», «Yo tengo a Dios», y al final razonamos y decidimos ir en dirección opuesta. Eso en esencia es el pecado, querer definir por nuestra cuenta lo que está bien o mal, y es eso lo que nos gobierna por defecto desde aquel trágico día en el Edén. En algunos se manifiesta en juergas y promiscuidad, y en otros, en el orgullo secreto de estar activos y sirviendo en alguna congregación y de contar con la aprobación de la gente, pero ambos están actuando desde su orfandad espiritual y son igualmente lo que la Biblia llama:

- Ciegos (2 Cor. 4:3-4).

- Esclavos del pecado (Rom. 6:17).

- Amantes de las tinieblas (Juan 3:19-20).

- Enfermos (Mar. 2:17).

- Perdidos (Luc. 15).

- Extranjeros, desconocidos, forasteros (Ef. 2:12, 2:19).

· Hijos de ira (Ef. 2:3).

· Bajo el poder de las tinieblas (Col. 1:13).[2]

¡El plan original del Señor es cerrar todos nuestros ciclos y caminar de cerca con nosotros! Dios desea que encontremos en Él nuestro tesoro y máxima alegría y que vivamos según ese amor derrochado gratuitamente a pesar de nosotros.

---

[2] David Guzik, *Enduring Word*. https://enduringword.com/comentario-biblico/efesios-2/

El jardín del Edén estaba completamente concebido para saciar cada una de nuestras necesidades, tal como una mamá que responde al llanto y levanta a su bebé hambriento, lo besa y lo coloca en su pecho mientras le sonríe. Pero de manera misteriosa, el Señor puso en el mismo lugar ese árbol y esa serpiente que nos harían dudar de Su amor y provisión, y al hacerlo tendríamos que luchar para siempre con corazones huérfanos que se resisten a confiar, como los niños del «orfanato secreto».

EL DÍA DECISIVO

Aquella mañana, la mamá del relato inicial se dio cuenta de que requeriría mucho más que reglas para que sus hijos mantuvieran el comportamiento a raya y que era completamente imposible dejarlos librados a sus recursos, e incluso, que no hacer algo radical era ser cruel e irresponsable, porque les estaría dando el siguiente mensaje:

No vales y no perteneces, no nos importas lo
suficiente como para luchar por comprenderte,
eres incorregible y mereces el rechazo que has
sufrido.

Se trataba de una batalla por los corazones que aún estaban lejos de lograr confiar. Ahora, ella estaba convencida de que se podía vivir en una casa nueva y limpia, llena de ventanas y posibilidades, llena de luz, pero mientras los ojos no fueran abiertos, seguirían siendo gobernados por las tinieblas que los llenaban por dentro, que complacían superficialmente, mientras que a la vez, hacían su propia voluntad. Hijos de nadie, hijos de la autosuficiencia. Hijos de no poder confiar.

Así que, ese par de padres, cual generales en un cuartel militar, establecieron un plan para retomar su hogar. Después de una mañana intensa sacando cosas, reorganizando y escribiendo nuevas estrategias, recibieron a los niños en la sala apenas llegaron del colegio. Era un nuevo día, uno en el cual debían regresar a lo básico: cerrar ciclos y conectar.

Para lograrlo, establecieron nuevas maneras de hacer las cosas, maneras que a la vista de cualquier espectador parecerían demasiado rígidas y hasta ridículas, pero que, dadas las circunstancias, eran necesarias para reforzar la idea de que ahora tenían un papá y una mamá que podían escucharlos y suplir sus necesidades, y que ellos podían relajarse y ser niños; podían dejar de «mendigar» afecto a cualquier extraño o dar lástima por cualquier otra cosa. Ellos ya pertenecían a alguien.

Estos papás determinaron limitar muchas libertades anteriores, cosas simples del día a día que empujarían a estos pequeños a relacionarse con sus nuevos papás: pedir una galleta o un vaso de agua, ver televisión, usar el juguete de alguien más; todo debía expresarse primero en palabras y recibir respuesta de papá o mamá. Ir cerrando ciclos. Ir reaprendiendo que el sonido de su voz era importante para alguien y empezar a comprobar que no debían ingeniárselas para conseguir lo que pensaban necesitar. Ese ejercicio simple de expresar la necesidad les daría la oportunidad de sentirse más hijos que antes, aunque por momentos pareciera asfixiante. Estos papás deseaban que sus hijos en realidad pudieran descansar, realmente ser niños y también aprender a recibir los ocasionales «no», porque hay una gran cancha de oportunidad en ese otro escenario y otro nivel de descanso cuando un niño acepta un «no» del papá como otro tipo de «te quiero»... claro, esto lleva mucho más tiempo.

Además de esto, en la reorganización profunda —que parecía un tornado furioso mientras sucedía—, los niños descubrieron que sus pertenencias habían sido reducidas a lo mínimo. Les aclararon que jamás les faltaría alimento diario, ropa limpia, el colegio y que sus juguetes favoritos seguían intactos, pero que todo lo que se consideraba un exceso se había sacado. Este día, que marcó un antes y un después en esta familia, pasó unos dos meses antes de los cumpleaños de este par de hermanitos y, dentro de las medidas de emergencia para retomar sus corazones, los papás decidieron algo completamente contrario a la lógica

(¡y escandaloso para esta generación de Pinterest!): no habría fiestas de cumpleaños. Al menos, no como los años anteriores. Invitarían a los abuelos, tíos, primos y amigos más cercanos ese mismo día para comer una pizza, y todos se limitarían a llevarles únicamente tarjetas de cumpleaños. No los clásicos regalos. Presencia, afirmación, abrazos, miradas a los ojos, relación. Regalos verdaderos.

¿Por qué? Porque desde su llegada, los habían inundado de visitas de familia y amigos que llevaban juguetes y herencias — mucho más de lo necesario—, una dinámica conocida por los niños de orfanato, que aun si se hace con las mejores intenciones, fomenta una relación superficial en la que lo único necesario es sonreír y asentir... y ya. Se recibe algo lindo con las manos, sin que una relación sostenga el corazón. Aprenden a esperar recibir algo de gente que no se queda, y viven con la esperanza de ser salvados por «los de afuera», porque los de adentro no tienen mucho que ofrecer.

Una amiga que trabaja con chicas adolescentes y jóvenes adultos en un programa de transición me contó que las niñas, al crecer en un orfanato que recibe visitas, habían aprendido a extender solamente la mano y recibir lo que deseaban, y con frecuencia, decían cosas como: «Ya viene un grupo, que me lo traigan ellos», refiriéndose a un grupo misionero del extranjero. Trágico en muchos sentidos, pero lo es especialmente porque en el fondo, lo que la mente graba es que las relaciones implican recibir sin realmente dar, recibir cosas sin abrir el corazón y ser vulnerables.

Supongo que también es más cómodo para nosotros en el otro lado. A los que visitamos a niños huérfanos o en riesgo, nos resulta mucho más conveniente tachar dicha actividad de la lista de la conciencia (visitar huérfanos: *listo*) y nos calmamos pensando que «llevar alegría un momento» es suficiente, o que a lo largo de los años el cúmulo de ese tipo de visitas hará bien a sus almas. Sinceramente, no creo que muchos se detienen a pensar en lo que pasa con los niños una vez que cierran la puerta detrás de nosotros.

El diseño de Dios para el ser humano es que podamos permanecer en la familia en días buenos y malos, en medio de tormentas o sol, y en donde aprendamos que uno es dichoso no solo al recibir sino, más que nada, al dar. Es en medio de todo eso que nuestro Hacedor desea que aprendamos a querer y ser queridos, simplemente porque lo hemos decidido.

La familia de estos pequeños se dio cuenta de que dar todo lo que había soñado darles a estos corazones que aún no tenían la capacidad de confiar, por el momento no estaba ayudando a construir un puente entre ellos, sino un escondite al cual podían escapar. Entendieron que, sin apego, todos los regalos que ofrecían eran peligrosos para sus almas, porque hacían posible su independencia basada en miedo, no en amor, y ese no era el plan. Una gran fiesta de cumpleaños con muchos regalos en este punto del partido era veneno para lo que realmente es vital: la relación que los sostendría toda la vida... ¡estos nenes necesitaban entender que ya tenían lo más urgente!

DEBO ACLARAR QUE, AL COMPARTIR ESTA HISTORIA, NO INTENTO PRESCRIBIR UN REMEDIO GENÉRICO QUE DIGA: «Prohibido tener fiestas de cumpleaños y regalos para los hijos adoptivos», sino, en todo caso, inspirarlos a afrontar su situación familiar particular y llevarla delante de Dios, quien gustoso proveerá una estrategia a medida. Y más que eso, el punto es ilustrar a cualquiera que lea estas páginas (no importa si es soltero o recién casado sin hijos) el meollo del asunto: que nuestro hermoso Creador nos envía al mundo frágiles y pequeños deseando entrenarnos para ver hacia arriba, para levantar nuestros brazos, para llorar con esperanza, sin la capacidad de movernos por nuestra cuenta, vulnerables, listos para recibir el consuelo de la respuesta compasiva miles y miles de veces, solamente con el fin de hacernos capaces de correr a Él algún día y decir junto al salmista: «¿A quién tengo en el cielo sino a ti? Si estoy contigo, ya nada quiero en la tierra» (Sal. 73:25).

El evangelio se despliega en lo que se da y, en ocasiones, también en lo que se retiene. Cualquier cosa que nos haga confiar en nosotros mismos y dejar de correr al Padre es todo menos bendición y se hace necesario recortarlo.

EL REGALO DE RECONOCERNOS HUÉRFANOS

Incluso en nuestro estado sucio y nuestra condición inestable, no buscamos al Señor de la manera en la que deberíamos. Fuimos flojos y complacientes delante del Señor. Esta es una terrible descripción de nuestra caída:

> *Ustedes no solamente deben saber que están perdidos, sino que deben de sentirlo. No estén contentos con simplemente saber que lo están, sino laméntense delante de Dios que están así, y ódiense a sí mismos por estar así. No miren la situación como si solo fuera desafortunada, sino que es su propio y voluntario pecado, y mírense a sí mismos, por lo tanto, como a pecadores culpables* (C. Spurgeon).[3]

Recuerdo el relato de una amada amiga que adoptó a su chiquita cuando tenia siete años. Ella ya tenía otros dos hijos biológicos, como nosotros. Me dijo: «Fue durante una de

---

[3] Guzik, *Enduring Word.* https://enduringword.com/comentario-biblico/isaias-64/.

las primeras conversaciones profundas que tuve a solas con nuestra hija pequeña... esa es una de las maravillas de adoptar cuando ya hablan: se empieza a apreciar oír *mamá* de una manera completamente nueva, porque no sabe uno con qué van a salir. Recuerdo el punto exacto del paso a desnivel sobre el que íbamos cuando me preguntó desde su sillita del auto: "¿Por qué me adoptaste? Tú ya tenías hijos... y además... yo estaba contenta en el hogar". ¡Sentí una patada en el estómago! Pero respiré, esforzándome por no mostrar mayor reacción. Ella prosiguió a contarme algunos recuerdos del día a día, los trayectos, las tardes de jugar pelota, el colegio... todo lo que, a sus ojos, conformaba una existencia completamente feliz. En su lógica de siete años y medio, realmente no había "necesidad" de una familia. Ella estaba "bien". Y al mismo tiempo, había logrado ver que nosotros también teníamos lo que supuestamente hace que una familia sea una familia: papá, mamá, un hijo y una hija. En esencia, ¡estaba diciendo que esta adopción quizás había sido completamente innecesaria!».

En este momento, mientras escribo y medito más detenidamente en este pequeño episodio, me puedo identificar más de lo que me es cómodo reconocer, y es impresionante llegar a darme cuenta de que, en su pensamiento, a tan corta edad, ya había fijado la idea de que la adopción solamente se efectúa cuando hay un «hoyo» de un lado o del otro, y a su parecer, ni ella ni su familia parecían necesitarse.

Es impresionante oír a un exhuérfano de tan corta edad, o de la edad que sea, reflexionar así. La situación ha moldeado su mente en maneras que, a quienes no hemos experimentado la orfandad, nos parecen completamente extrañas. No podemos más que tomar aire y procurar comprender de dónde salen sus palabras; eso de existir en grupo, de no compartir apellidos con nadie y de recibir lo mínimo necesario para sobrevivir era lo normal. Para esa nena, la vida anterior no era tan mala y, a decir verdad, llegar a la realidad de una familia típica —y defectuosa— que se asemeja poco a las que veía cada sábado en las películas, no parecía un gran negocio.

Pienso en esos primeros meses después de nuestra primera adopción... en nuestra chiquita viéndome conducir con los mismos pantalones jeans gastados, las ojeras y los rescoldos de una sinusitis... no se veía tan prometedor tampoco. Para esa nena, y quizás también para la nuestra, su presente no opacaba aún los recuerdos tan frescos de su ayer, y el futuro ni figuraba. Creo que una mente de seis o siete años no logra vislumbrar ni las promesas ricas en posibilidades ni los peligros horribles que atentaban contra su vida. Siendo niña, tampoco tendría por qué.

A veces me sorprendo a mí misma esperando algo de mis

niñas del corazón que no esperaría de mis niños biológicos...
¡tan torpe soy! Y creo que no estoy sola en esto. ¿Por qué me
sobrecogió tanto la afirmación de esa niña? Supongo que es, en
parte, porque me deja ver por alguna de sus ventanillas mentales
lo que estaba pensando mientras veía en silencio, pero también,
porque uno supone que los niños entienden —aunque sea en
alguna medida— lo que había pasado en la adopción o lo que
implicaba la acción de traerla a la familia. Y es imposible para
mí no pensar en mis propias hijas y sentirme incómoda con esto.
¡Realmente podemos ser tan disparejos y poco íntegros en
lo íntimo del corazón! Por un lado, reconozco la tremenda
vulnerabilidad y pequeñez de estas niñas... ¡y me volví su mamá
precisamente por eso! Por otro lado, ¿de veras me conmociona
que no puedan comprender la inmensa precariedad de su
situación? ¿Cómo van a saberlo? ¡Si era lo único que conocían! Y
realmente, si en ese hogar no pasaban hambre, recibían educación,
ropa limpia y una cama para descansar, y por el momento, era lo
único que sus sentidos parecían necesitar, estaban «bien».

Y eso somos, seres sensoriales que viajan de lo concreto (lo que
podemos nombrar y tocar) a lo abstracto (eso más profundo y casi
imperceptible que es aún más necesario). Llegar a comprender
que, muchas veces, lo que sentimos es engañoso requiere de todo
un proceso guiado por Dios.

Comencé realmente a comprender que el proceso de adopción implicaría amar a un grado en el cual mis niñas mismas sean capaces de reconocer que lo que vivieron antes se llamaba orfandad. Quizás allí empecé a distinguir más claramente que, a menos que veamos nuestra situación a la luz del verdadero amor que jamás habíamos experimentado, no podremos libremente dejar de añorar esa imitación burda y barata del verdadero abrazo de pertenencia que jamás se extingue. A menos que nos den la bienvenida a una familia donde la ley es el amor sacrificial, jamás sabremos zafarnos del abrazo condicionado del mundo, ni dejaremos de suspirar por él.

Y todo esto me regresa a la historia del pueblo de Israel y su milagroso rescate de la esclavitud por parte de Dios. Ninguno en ese pueblo poseía en sí las virtudes suficientes para ganar el favor del Señor; más bien, con su conducta e intenciones, lo ofendían constantemente. Sin embargo —o probablemente por eso mismo—, Dios los escoge para desplegar Su precioso carácter: santo, justo, amoroso y misericordioso, por amor a Su propio nombre.

> *¿Y qué nación se puede comparar con tu pueblo*
> *Israel? Es la única nación en la tierra que tú*
> *has redimido, para hacerla tu propio pueblo y*
> *para dar a conocer tu nombre. Hiciste prodigios*

y maravillas cuando al paso de tu pueblo, al

cual redimiste de Egipto, expulsaste a las

naciones y a sus dioses (1 Crón. 17:21).

Él los salva de la opresión de una nación cruel, entablando una relación con ellos por medio de Moisés. Todo esto simplemente porque ha decidido darse a conocer al amarlos sin que ellos lo merezcan. Moisés se rinde ante Dios y Su plan y hace lo que le manda, llegando a soportar el rechazo, la burla, la murmuración y hasta la traición de los que salva. Estando ya a salvo del yugo de Faraón y bajo el cuidado amoroso y personal del Señor, Israel no hace más que quejarse, ver lo que no tiene y pensar que la calidad de esclavo era mejor... y aun así, el Dios de la Biblia, pudiendo dejarlos librados a sus propios recursos, se compadece de ellos en medio de su maldad. Tomando grandes medidas (¡impensables medidas!) sigue dándoles la ayuda que no sabían que necesitaban.

Más adelante, Dios envió al perfecto Mediador: Jesucristo Hombre, el Hijo de Dios, no solo para compadecerse de nosotros y luego soportarnos, sino también para dejarse matar con tal de pagar el castigo que nos correspondía, y así por fin vernos a salvo.

Cuando leamos sobre Israel en la Biblia, no digamos: «¡Qué horror esa gente!», porque nosotros somos exactamente iguales. La razón por la que no dejamos de volver a nuestras viejas e ilusorias comodidades es porque no comprendemos aún quién es Él y tampoco entendemos que Egipto realmente no guardaba las riquezas que pensábamos.

Ver enfrente la salvación ofrecida en Cristo, ver atrás nuestro pasado sin Él, y en nuestro corazón aún decir como nuestra nena: «Mi vida antes era alegre… estaba bien», sería comprobar que realmente no hemos experimentado el gozo de vernos por lo que realmente somos: huérfanos en medio del desierto —desprevenidos, esperando ser devorados por alguna bestia salvaje— que recibimos el rescate oportuno y misericordioso del Todopoderoso. No tenemos ni idea.

El día que llegamos a comprender todo lo que somos solos y la razón por la que necesitamos un Mediador que nos salve se llama conversión, y cada conversión es un milagro, nada menos que esto; porque lo que sucede de forma simultánea es que se abren nuestros ojos a la realidad de nuestra condición y a la disposición de nuestro Dios para venir tras nosotros.

Estábamos muertos, andando conforme a los poderes que rigen este mundo, éramos gobernados, esclavos de nuestros propios impulsos, éramos inevitablemente huérfanos por elección. No solo estábamos a merced de los elementos, del diablo y de nosotros mismos, sino también éramos por naturaleza objeto de la ira de Dios. Este Padre amoroso que nos diseñó para «cerrar nuestros círculos» es un Dios tres veces santo que no puede convivir con el pecado, del cual nosotros estamos inevitablemente manchados y jamás podríamos lavarnos con buenas obras ni alguna otra cosa. Todo lo que intente separarnos de Él está marcado para ser destruido por Su enojo santo, porque Él es perfectamente justo y nos ama.

Nadie puede lavarse previamente para ser más «aceptable» o «presentable» delante de este Rey y Padre. Más bien, debe venir completamente convencido de su profunda maldad, suciedad, vulnerabilidad y orfandad, y sediento de la única solución final. Ese es el único prerrequisito para ser Suyo, y lo veremos con mayor detenimiento unas páginas más adelante.

PEQUEÑOS AVANCES

Al momento de escribir esto, la pequeña pensadora, hija de mi amiga, está a punto de cumplir trece años. Hace poco estaban hablando y recordaron esa conversación que tuvieron en el auto. Al mencionarla, la hija se mostró apenada y le dijo a su mamá: «Pobrecita, debí haberte lastimado al decir eso» y la abrazó. ¡Han avanzado tanto! Aunque a veces le cueste verlo o lo olvide... como en mi caso.

Mis niñas están empezando a distinguir entre su antes y después y lo que ha significado y significará a futuro. Además, ¡desearía incluir en estas páginas el sonido de la voz de mis niñas orando! Me dejan sin aliento tan a menudo... realmente es precioso hacer una pausa y alabar a Dios por dejarme ver Su obra en primera fila, en nuestras niñas y en mí misma, y puedo decir con el apóstol Pablo: «Estoy convencido de esto: el que comenzó tan buena obra en ustedes la irá perfeccionando hasta el día de Cristo Jesús» (Fil. 1:6).

Anota y medita

¿Qué cosas hay en tu vida que aún delatan un corazón huérfano? ¿Qué áreas te ha costado rendir? ¿En qué formas estás diciendo «sí» de forma superficial, pero sin dejar de hacer las cosas a tu manera?

¿Cómo te impacta saber que Dios ve claramente tu condición y desea transformarte por medio de Su amor inmerecido derramado en Cristo?

Recuerda...

«El Señor se encariñó contigo y te eligió, aunque no eras el
pueblo más numeroso, sino el más insignificante de todos»
(Deut. 7:7).

Oración

Padre, te doy gracias por mostrarme mi condición sin ti. Yo no
tenía vida y vivía bajo el gobierno de los poderes de este mundo
y mi propio corazón engañoso, haciendo lo que me parecía mejor.
Gracias porque ahora puedo ver la verdad y ser libre para correr a
ti. Abre los ojos de mi corazón para que todos los días te conozca
mejor y confíe en tu amor que nunca falla y quiere mi bien eterno.
Haz lo que tengas que hacer para que recurra cada vez menos a
mis viejos patrones y pueda refugiarme en tu seguridad ofrecida
en Cristo.

2

El inicio de nuestro final feliz: el corazón del Padre

Pero Dios, que es rico en misericordia, por su gran
amor por nosotros, nos dio vida con Cristo, aun cuando
estábamos muertos en pecados. ¡Por gracia ustedes han
sido salvados!

Efesios 2:4-5

Creados para pertenecer

Vi su silueta cansada del otro lado de la puerta de vidrio; del otro lado, donde cada vez que cruzo dejo de ser extranjera.

Él me cobijó con su nombre hasta que me entregó en el altar, pero su abrazo protector nunca me falta. Al regresar de sepultar a la mujer cuyo vientre fue usado para traerlo al mundo, aún de negro, se paró a esperarme. Su sonrisa perpetuamente sincera, aunque con su mirada hoy cansada, me dio la bienvenida. Como un millón de veces antes. Su sonrisa fue, y en muchas maneras, sigue siendo, mi hogar. Después de recorrer el mundo, se necesita regresar a donde uno encaja perfectamente cuando abraza. Donde uno ha sido recibido ese millón de veces antes.

Por eso cuesta tanto la despedida. Porque uno quiere siempre regresar. Su mamá se debilitó poco a poco, y empezó a rehusar comer. Es claro que al final de la carrera, el discípulo sabe que el verdadero hogar llama y es lo único que al final desea, ¡bendito sea Dios! Se nos va muriendo el apetito por este mundo para incrementar el hambre por lo eterno.

Mi papá se despidió con un «hasta mañana», se fue a su casa, se cambió la ropa y se puso el pijama, pero luego de un momento, sintió que debía regresar; volvió a ponerse la ropa y se fue, porque ella y su abrazo eran su hogar… donde desde niño encajaba perfectamente. Y era hora de un adiós más largo. Ya no habría otro «hasta mañana».

Ella murió con las caricias de su hijo en la frente y las voces de sus hijas en el oído… como siempre debería ser.

«Perder un padre nunca es tan duro como crecer sin uno» es una frase impactante que oí en una conferencia precisamente sobre adopción y acogimiento temporal a la que he podido asistir en varias ocasiones. Entre ir y venir, aeropuertos y pasaportes, veo a mis niñas pequeñas, las que nacieron en mi corazón, y pienso: ¡qué gran viaje el de la adopción! Un trayecto intenso desde un extremo en el cual se sobrevive en la mentira de la autosuficiencia hasta el otro extremo, en donde se aprende a confiar y descansar en que alguien vela por uno y lo ama, no porque lo merezca, sino a pesar de todo. Donde uno va dándose cuenta de que tiene opción de ir acomodándose a un abrazo seguro, hasta que encaja perfectamente, y poco a poco se va volviendo el lugar al cual quiere regresar. De extraños a entrañablemente defendidos.

Y todo habla de Dios. Ese sentimiento de vacío y esa tristeza profunda que no termina de irse indican que añoramos nunca ser dejados. Añoramos lo correcto, porque lo añoramos a Él. Aun sin darnos cuenta, no concebimos historias sin final feliz, y es porque no fuimos hechos para nada menos que la eternidad, y a menudo ni nos damos cuenta de la razón: hubo un amor que no comenzó en nosotros. Todo apunta a una eternidad adquirida con sangre, donde nuestros corazones naturalmente huérfanos dejan de serlo, confían perfectamente y gozan de Su Padre para siempre, sin decir adiós nunca más. El final perfecto solo puede ser Él, porque solo Él no tiene final.

Nacimos para pertenecer a alguien que diga de nosotros: «mío». Estamos hechos para ser anidados en el vientre, en los brazos, para ser hogar unos de otros, para nacer deseados y morir acariciados, para esperarnos detrás de las puertas del aeropuerto y dejar de ser extranjeros, para ser abrazados hasta encajar. Para nunca más decir adiós, para oír: «No temas, que yo te he redimido; te he llamado por tu nombre; tú eres mío» (Isa. 43:1b).

La «parejita»

Recuerdo cuando estaba apenas empezando a ver con claridad el tema de la adopción en la Biblia, y escribí en mi página pública de Facebook algo como: «La Navidad fue cuando nuestro Padre mandó a nuestro Hermano mayor a firmar nuestros papeles de adopción». Las reacciones no se tardaron en llegar.

Básicamente, los comentarios surcaron por dos vías: sorpresa, ternura y gratitud, o sorpresa, desagrado y rechazo. Un señor hasta me escribió corrigiéndome, diciendo que nosotros no éramos de segunda categoría, sino hijos «legítimos» de Dios.

Debo decir que no me sorprendió del todo. Hace unos cuantos meses, vi una publicación de Instagram de una figura pública que alababa a Dios por una prueba de embarazo positiva después de una temporada dura de espera. En síntesis, animaba a todos los que estaban enfrentando esterilidad a seguir esperando su milagro *(su milagro = un embarazo)*. *Por amor a quienes leen esas publicaciones con el alma en un hilo buscando esperanza, yo contesté esto:*

¡El Señor es siempre, siempre bueno! ¡Y gloria a Dios por los que están gozando a sus bebés biológicos! Sin embargo, tengo algo que decir a quienes nunca recibieron ese tipo de milagro: a veces Dios nos ama así, y a veces, nos ama de manera diferente; Su mente no es nuestra mente... y en esos casos, debemos seguir confiando, no en que recibiremos lo que deseamos, sino en que, sin importar lo que se nos dé o se nos quite, nos está dando lo necesario. Nunca debemos pensar que una cuna vacía es culpa nuestra. Hay mujeres que conciben aun siendo adictas o ignorando completamente al Señor. No podemos controlarlo. Y sí, también puedo decir que los vientres estériles podrán parecer historias tristes y de derrota para nosotros, pero yo he visto a Dios usarlos vez tras vez para producir corazones fértiles, que dan la bienvenida a bebés que no habrían tenido chance de otra manera. La adopción podrá ser el plan B de muchos, pero Dios no hace bebés plan B. A veces, la adopción es el plan A de Dios, y ese es otro tipo de milagro.

Como dice un meme popular: «Se tenía que decir y se dijo».

He aprendido a prever cuándo algo provocará opiniones encontradas, y por cierto, la adopción en Latinoamérica, —*tristemente*— aún encaja en esa categoría, en especial alrededor del tema de nosotros y nuestra llegada a la familia de Dios.

Al leer comentarios como el del hermano que decía —en resumen— que la adopción crea hijos ilegítimos, puedo suponer varias cosas: o no leemos mucho nuestras Biblias o no la leemos bien y además, no comprendemos qué es la adopción. Yo la entiendo como recibir como hijo al que no lo es biológicamente, con el cumplimiento de diversos requisitos y obligaciones que establece la ley. «En el mundo romano del primer siglo, un hijo adoptado era escogido deliberadamente por su padre adoptivo para perpetuar su nombre y heredar su patrimonio; no era en lo mínimo inferior en estatus comparado a un hijo nacido biológicamente».[4]

No es justo alegar que los muros de Facebook son un reflejo exacto de la sociedad, pero pareciera que al menos, son un retrato que la representa bien… allí hay evidencias de lo que es culturalmente aceptable o no, y es claro que la adopción, en general, es percibida como una manera «correctiva» para llegar

---

[4] F. F. Bruce, citado por David Guzik, *Enduring Word*. https://enduring-word.com/comentario-biblico/romanos-8/

a ser padres; es decir, un último recurso para reparar la carencia, no un acto voluntario ni gozoso por medio del cual se puede llegar a ser padres.

Por allá del año 2010, aún no había conversaciones serias entre Alex y yo con respecto a agrandar la familia por medio de la adopción, aunque siempre era un pensamiento que revoloteaba de forma intermitente en mi cabeza.

Cuando éramos novios, le mencioné alguna vez el tema porque él había tenido cáncer testicular y, aunque no recibió radiación (que es lo que ocasiona esterilidad), sino solo quimioterapia, me pasaba por la mente que quizás no podríamos concebir biológicamente. Por eso creía que deberíamos considerar adoptar. Yo tenía claro que no quería gastar nuestro tiempo, dinero y energías por diez años tratando de tener nuestra propia familia; hasta le dije que, si en dos años no quedábamos embarazados, sin necesidad de pensarlo dos veces yo estaría dispuesta a adoptar. Él solo me dijo como buen chapín (guatemalteco): «Está bueno». Fin de la conversación. Al menos por el momento.

Después de dos años de noviazgo y uno de compromiso, nos casamos. En nuestro segundo aniversario, fuimos a un laboratorio para hacernos una prueba de embarazo. Volvimos muy felices a anunciar a nuestras familias y amigos que había un bebé en camino. En noviembre de 2002, dimos la bienvenida a nuestra preciosa Ana Isabel. Embarazo sin problemas, parto igual. Dieciocho meses después, me hice otra prueba de embarazo y supimos que seríamos cuatro. En febrero de 2005, recibimos a un bello hombrecito al que nombramos Juan Marcos. Y claro, empecé a oír: «¡Qué lindo! La parejita». En mi tierra, y creo en toda América Latina, tener niño y niña es como ganar algún tipo de lotería genética. La verdad, me da risa porque parece que uno estuviera coleccionando salero y pimentero, toallas de «él y ella» o canarios… ¡la parejita! En otras palabras, ya teníamos lo que la mayoría añora. Parecíamos completos.

Siendo esposa de pastor, nuestras vidas se desarrollaban alrededor de la iglesia y sus múltiples actividades. Nunca faltaba qué hacer. Aunque una de mis metas fue criar hijos «normales», era inevitable que estaban creciendo entretejidos en un tapete colorido lleno de gente, eventos, una casa constantemente visitada por amigos y un par de papás que eran conocidos por su plataforma relativamente pública. No era que todo eso fuera a tener un efecto negativo en sí, pero empecé a reconocer un leve riesgo de que, en sus mentes, vivir para Jesús se resumiera en un montón de actividad y notoriedad. Además (y en retrospectiva lo puedo ver con bastante claridad), Dios venía trabajando suave pero persistentemente en mi corazón al revelarse de una forma más profunda a mi vida poco a poco en la Escritura y, por ende, transformando mis prioridades y anhelos.

Pausa.

Leíste bien. Independientemente de cómo pasó, lo cierto es que yo creía que el cristianismo era un curso de autoayuda para volverse buena persona... ¡Gloria a Dios que yo nunca lo logré! ¡Qué bueno que no alcancé ese estándar imposible! Porque fue en mi obvia incapacidad que Él comenzó a proveer el consuelo verdadero que solo el evangelio puede dar. Necesito incluir este pedazo de la historia porque es inseparable de nuestras historias de adopción. Una cosa trajo la otra.

Hace no mucho tiempo en mi ciudad, se podía apreciar un circuito de vallas publicitarias con letras negras y gordas que decían: «NO NECESITAS A DIOS PARA SER BUENA PERSONA». ¡Vaya! ¿A eso lo hemos reducido? ¿A un gurú de autoayuda? Como diseñadora gráfica de profesión, sé un poquito acerca de publicidad y puedo decir que si un grupo de ateos va a invertir en un circuito de vallas, ofrecerán la contraoferta directa al mensaje que saben que los cristianos presentan. Al ver esta campaña, fue obvio que yo no estaba sola en suponer (equivocadamente) que todo el meollo de seguir al Señor era la superación personal.

Hoy entiendo bien lo que estaba pasando: yo realmente no quería una relación con Jesús. Quería lo que había visto «anunciado» —una vida color de rosa— que, en definitiva, no es lo mismo que la vida verdadera y abundante de la cual se nos habla en la Biblia.

Ahora, a paso lento pero seguro, mi corazón está siendo apacentado en otros prados para amar algo mejor. Noto que mis fuentes de gozo han cambiado y también las de mis tristezas, porque mi Papá peleó una batalla fiera para ganar mi corazón. Es una dicha saber que Él es tan diferente al que yo me había inventado en mi mente.

Hay razones maravillosas que impulsan al discípulo de Cristo para decir «sí» a una vida que no tiene sentido para la gran mayoría. Descubrí que ser cristiano no es adherirnos a un estilo de vida lleno de prohibiciones y reglas. No somos de esos que dicen: «Mi religión no me lo permite». Sinceramente, los ojos humanos tienen dificultad para distinguir entre alguien religioso y el verdadero cristiano (quizás siempre ha costado). Y es que hay varios tipos de religioso. Está el que trata su relación con Dios como una ida al supermercado, al cual entra con una lista de lo que necesita cumplir y lo que necesita (quiere) que Dios le cumpla a él, y el cual —como suele decir Tim Keller— quiere evitar a Jesús cumpliendo las reglas, y así tener la ilusión de control y de «merecer» la salvación. La verdad, no ve a Dios como un Rey santo ante el cual postrarse con absoluta reverencia, sino más como un político de alto rango con el cual conviene tener *cuello*, como decimos en mi tierra... tener *palanca*, algo que nos aporte ventaja para obtener lo que queremos.

El religioso hace mucho que lo mantiene ocupado y se siente orgulloso de sus muchos roles, y cuánto más si lo felicitan, aunque en el fondo del corazón obra sin gozo, y siempre viendo a los lados para medirse con el vecino. Algo así como el hermano mayor del pródigo.

En un «buen día», cuando las cosas le salen bien y siente que cumplió, se siente con más méritos para estar frente a Dios y supone que si le fue bien es porque él es bueno. En los días malos se excusa, culpa a otros y se distancia de Dios, avergonzado o resentido. Y como el religioso piensa más bien en una relación de negocios o de intercambio, cuando siente que «Dios no le cumple», abandona la relación.

Pero el cristiano verdadero sabe que no tiene derecho o mérito propio para venir delante de Dios, y vive constantemente maravillado de lo que Cristo hizo para traerlo a Su familia. Cada día que medita en la cruz y la maldad que habita en él, alaba más intensamente porque sabe muy bien que solo puede tener una relación con Dios porque está vestido con la perfecta justicia de Jesús, como una bata de hotel blanca, recién lavada, seca y tibia, que lo cubre y le da derecho. Una bata por la que él no pagó, sino que le fue dada en base al mérito de Cristo, por pura gracia.

El que ya empezó a entender la gracia lo evidencia con una vida inclinada al arrepentimiento constante y a un trabajo arduo y diligente que parte del amor, no de lo que se hace para obtenerlo. El cristiano verdadero desborda en actos constantes de amor sacrificial secreto porque entiende que su Señor lo ve y eso le basta. Vive en santidad porque la santidad es producto de la gracia. El buen comportamiento gozoso es producto de haber sido amado. El cristiano verdadero vive tan encandilado por ese regalo que no puede pensar que es mejor que otro. Ha perdido su capacidad de mirar a alguien desde arriba. Entiende que es un mendigo al que le hicieron un inmenso favor. Y su corazón se ha llegado a ablandar tanto por esa muerte de cruz que tuvo que suceder algo inesperado, que aumenta el dolor de pecar.

Recibir eso que no merecía lo ha enternecido hasta cambiar lo que quiere: no desea esquivar el castigo por no cumplir las reglas, sino que quiere a su Padre y quiere vivir para agradarle, reflejándolo al mundo.

El que dice que permanece en él, debe andar
como él anduvo (1 Jn. 2:6, LBLA).

A medida que el Señor fue abriendo mis ojos a todo esto, mi necesidad de exponer a mis dos niños a la realidad más amplia, afuera de nuestra congregación, fue aumentando. Yo deseaba mucho que supieran que el verdadero servicio no es solamente durante los fines de semana o bajo un título ministerial, sino que el mejor servicio es permanente y casi siempre es privado. Comencé a orar por una oportunidad para ser útiles de distinta manera.

Peticiones, piojos y pitayas

Dios estaba poniendo en mí un deseo particular de servir en un orfanato y, un par de semanas después de tener esa inquietud, recibí una invitación que cambiaría nuestro rumbo como familia y, en última instancia, nos trascendería. Se trataba de celebrar el día de las madres en un hogar para niñas. ¡Inmediatamente dije que sí! Pero al colgar el teléfono, pensé: «¿Qué rayos acabo de hacer?».

Celebrar.

Día de las madres.

¿En un hogar de niñas?

¿Qué cosa podría decirles en uno de los días más horribles para ellas, cuando sienten que el mundo les pone marcador fosforescente a sus pesadillas? Aún sintiéndome así, fui y el Señor sin duda me ayudó, porque «encontré» en Números 27:1-11 el relato de 5 hermanas que, habiendo quedado huérfanas y sin tener hermanos varones, estaban frente a un escenario realmente desolador; pero que, al llevar su caso frente a Moisés, habían salido con la certeza de que recibirían su herencia. ¡Es realmente una maravilla poder abrir la boca y tener algo más que buenos deseos y pensamientos positivos en medio de las tragedias inevitables de la vida! No tenemos por qué evadir los temas duros, porque la Biblia no lo hace... pero ese tema es para otro libro. Estas criaturas de todas las edades habían experimentado en carne propia la maldad de este mundo caído y me quedaba claro que nada podría saciarlas, sino solo Cristo.

Ese mismo día, después de la actividad, hablé con una de las autoridades de la institución para poder regresar cada miércoles a repetir el asunto: visitarlas, leer una historia bíblica, compartir unas galletas y orar. Ella literalmente casi se arrodilla a agradecerme por querer regresar cada semana, lo cual me sorprendió mucho. Al volver a casa, le conté todo a mi esposo todo y le pedí que me dejara, al menos una vez al mes, que me acompañaran nuestros dos hijos. Él estuvo de acuerdo.

Regresamos durante los siguientes meses y recibíamos muchísimo más de lo que dábamos. Nosotros llegábamos con una historia, oídos para oír sus historias, chistes, peticiones y galletas o alguna otra bobada. A cambio, recibíamos miles de lecciones que niñas de siete, diez o quince años no deberían tener que dar.

Uno de los recuerdos más claros que guardo es que, en mi

intento de conectar con las chicas, pregunté: «¿Cuál es su fruta favorita? ¡La mía es la pitaya!». La respuesta fue silencio y una docena de miradas en blanco. Me sentí tan torpe... ¡Por supuesto que no sabían de qué les estaba hablando! Muchas habían experimentado escasez extrema y hambre, y yo, en mi mundo de algodón rosado, ¡osaba preguntar acerca de su fruta favorita! ¿Cómo?

Acercarnos a la niñez vulnerable rápidamente derriba nuestras ideas de lo que es «normal» y se aprende pronto que, en muchos lugares del mundo, los que tenemos comida saludable, estudios, ropa, agua limpia y la protección de una familia integrada trágicamente somos las excepciones.

También recuerdo cuando, mientras conversaba a solas con una de las niñitas (de unos seis años de edad), empecé a contarle una historia que iba inventando en el momento. Queriendo que se sintiera parte, le dije: «A ver, dime un animal», y me dijo el primero que se le ocurrió: «¡Un piojo!». Aunque en el momento me sacó una risa, me dejó pensando. A esa misma edad, mi hija amaba los conejos, los osos y las ballenas porque tenía quién le leyera, la llevara al zoológico, al cine... y también quién comprara champú y lavara su cabello. Que el piojo fuera el animal que la nena escogiera como protagonista de su historia fue como un pequeño hoyo por el cual pude ver hacia dentro de su vida, y comprobar la miseria que la había llevado hasta el lugar en donde estábamos reunidas en ese momento.

Tampoco puedo olvidar uno de esos miércoles, al escuchar con mis dos hijos de diez y ocho años, pregunté por las peticiones de oración de las niñas y lo que oímos fue devastador:

«Por mi hermanito, que aparezca... tiene alerta Alba-Keneth».[5]

«Por mi audiencia. Es el viernes. Que Dios le dé sabiduría al juez».

«Que se sane mi abuelita para que pueda regresar con ella».

Evidentemente, todo lo que ocupaba las mentes y corazones de estas nenas eran cargas que ningún niño debería llevar. Y todo nos rebasaba. Allí aprendí más intensamente a salirme de mis zapatos y ponerme en los de otros, y a medida que iba sirviendo esos miércoles, Dios me recordó el deseo de adoptar. Ahora puedo ver que Él me estaba llevando de la mano por un sendero bien marcado por Su dedo, en el cual ampliaría algo más que solo nuestra familia: ampliaría nuestro entendimiento de Su carácter y ensancharía nuestros corazones para que conociéramos mejor Su amor de Padre al amar para siempre a quienes, por el momento, ni nos podíamos imaginar.

---

[5] Alerta nacional de niños desaparecidos de Guatemala

Por cierto, compré una caja de pitayas —por fortuna, era época—, y la llevé al orfanato para que las niñas supieran de lo que yo estaba hablando. Y en caso de que estén haciéndose la misma pregunta que las niñas: son conocidas también como fruta de dragón, de color rojizo-fucsia intenso por fuera, y más aún por dentro. Tienen muchas semillas pequeñas de color negro y no sé qué disfruto más, si la consistencia y el sabor de la pulpa o la textura perfecta del montón de semillitas. En fin, felicitaciones a mi amado Señor por hacer esa maravilla y por darme papilas gustativas. Amén.

¿Y nosotros cuándo vamos a adoptar a alguien?

A medida que íbamos regresando cada semana, las caras, nombres e historias de las niñas iban quedándose en los niños y en mí, e iban llegando al corazón de Alex a través de nuestros relatos; pero más que nada, de las actitudes de nuestros niños. Nuestros dos hijos veían y oían todo y empezaban a crecer en empatía para con sus pares que tenían una vida tan distinta de las suyas. Dios usó esas visitas para acercarnos cara a cara a necesidades reales y empezar a hablar a nuestros corazones. Pienso en todas las veces que subestimamos lo que Dios puede y quiere hacer en nuestros hijos y a través de ellos.

Una noche, alistando a Juan Marcos para dormir, me dijo en un tono nada ceremonioso: «Y nosotros... ¿cuándo vamos a adoptar a alguien?». Así, sin más... con una naturalidad que me hizo parar y mirarlo. Supe que Dios estaba obrando de un modo que no podría haber anticipado o planeado. ¡El estratega en esta casa es Alex, no yo! Ir a esas visitas no tenían como fin convencer a mis hijos de nada (y por favor, si no van a llegar en plan de verdadero servicio, mejor no vayan). Ni yo misma estaba segura de cómo acercarnos a ese mundo de la orfandad.

Ahora aquí, de repente, en la cama de mi niño, estaba oyendo palabras que abrían una ruta que no habíamos considerado seriamente aún; porque una cosa es aventar una idea al aire y otra es sentarse a conversar con puntos y comas. Le respondí que debíamos orar y que el Señor tenía que hablarle a su papá para poder tomar una decisión tan grande. Ese hombrecito de ocho años comenzó a orar cada noche: «Señor, te pido por la adopción. Tú sabes qué va a pasar»... hasta el día en que vino su primera hermana por adopción. Sin temor a equivocarme, digo que para mi esposo, oír cosas como estas fue determinante para dar pasos concretos hacia la extensión de nuestra familia.

Amar porque nos amó

Alabado sea **Dios, Padre de nuestro Señor** *Jesucristo, que nos ha bendecido en* *las regiones celestiales con toda bendición*

espiritual en Cristo. Dios nos escogió en él

antes de la creación del mundo, para que

seamos santos y sin mancha delante de él. En

amor nos predestinó para ser adoptados como

hijos suyos por medio de Jesucristo, según el

buen propósito de su voluntad, para alabanza

de su gloriosa gracia, que nos concedió en su

Amado. En él tenemos la redención mediante

su sangre, el perdón de nuestros pecados,

conforme a las riquezas de la gracia que Dios

nos dio en abundancia con toda sabiduría y

entendimiento. **Él** *nos hizo conocer el misterio*

de su voluntad conforme al buen propósito

que de antemano estableció en Cristo, para

llevarlo a cabo cuando se cumpliera el tiempo,

esto es, reunir en él todas las cosas, tanto

las del cielo como las de la tierra (Ef. 1:3-10,

énfasis mío).

Cuando leemos pasajes así, notamos la impresionante soberanía de nuestro Padre al coordinar todos los hilos de nuestras pequeñas o grandes historias y podemos comprobar que no hay cabos sueltos. Si nos escogió desde antes de la creación del mundo, podemos estar seguros de que el proceso por el cual nos lleva para cumplir Su gran plan es parte vital de todo, y que no solo nos envió a vivir una vida llena de fruto, sino que también trabaja en nuestros corazones para que lo conozcamos personalmente mientras lo hace.

Nuestro Padre está muchísimo más interesado en la condición del corazón que en la eficiencia de nuestras manos; quiere hijos que lo amen, no robots fríos que le obedezcan por defecto. Dios está llevando a cabo un plan de reunificación familiar desde antes que dijera: «Hágase la luz», y preparó el único medio que lo haría posible. David Guzik cita a Moule en su comentario bíblico, *Enduring Word*: «Los creyentes son escogidos por Dios, y ellos son escogidos antes de que ellos hicieran algo o que hayan sido algo para Dios. Es la infinita "libre voluntad" de Dios, (más sagrada que la libre voluntad del hombre); un plan y propósito más antiguo que los océanos y los cielos».[6]

Comencé este capítulo relatando acerca de mi propio papá, mi propia historia de pertenecer, la construcción de nuestra familia biológica y el inicio de la deconstrucción de mi religiosidad, porque todo es parte de un panorama mucho más amplio que realmente, es un ciclo. El amor de Dios que nos persuade durante

---

[6] H. C. G. Moule, citado por David Guzik en *Enduring Word*. https://enduringword.com/comentario-biblico/efesios-1/

toda nuestra vida tiene como fin el capacitarnos para poder amarlo en respuesta; y como bendición colateral, amar a nuestro prójimo. La dicha de pertenecer es lo que nos hace capaces de, con el tiempo, hacer pertenecer a otros. Siempre funciona así. ¿Recuerdan el ciclo cerrado (ideal) que crea niños saludables? Aquí hay otra forma de verlo...

Desde el corazón de un papá

Nuestra capacidad de amar jamás puede originarse en nosotros mismos, siempre procede de una fuente mayor.

Nosotros amamos porque él nos amó primero

(1 Jn. 4:19).

La adopción es una maestra brutalmente sincera y ¡sí que estoy aprendiendo! No tanto acerca de llegar a ser una madre competente en trauma, sino acerca de lo poco que conocemos nuestra propia oscuridad y, más que nada, del asombroso viaje que Dios emprendió con tal de traernos a Su familia. Él siempre supo perfectamente cuánta maldad llenaba nuestros corazones egoístas y cuánto le costaría nuestra adopción. Ese amor sin paralelos ahora me deja sin habla de manera regular.

Yo tenía una vaga idea de cuánto nos dolería amar a exhuérfanos, pero ¿Dios? ¡Él estaba completamente enterado de todo lo que conllevaría! (Como leímos en Efesios, «con toda sabiduría y entendimiento»). Nuestro Padre ya había visto la historia completa, calculado el costo y hecho la cita de todas maneras. Se puso la chaqueta y tomó las llaves. A medida que pasa el tiempo, me asombro más de esto. Ningún ser humano soportaría conocer a cabalidad todo el dolor de una historia antes de vivirla, y someterse amorosa y voluntariamente a sabiendas. La razón por la que me debilito, descorazono o descontrolo tan a menudo es que aún me toma por sorpresa cuando sale a luz otra porción del quebranto en mí o en los míos, pero estoy encontrando la manera de centrarme, al reconocerlo y recordar el gran amor del Padre, que es una roca inconmovible.

He aprendido a verme reflejada en mis hijos, especialmente en la situación de mis dos niñas pequeñas. Ese diagnóstico de tener corazón huérfano es nuestra inclinación natural, aunque hayamos sido bendecidos con padres biológicos que nos amaran y cuidaran desde el principio. Nosotros corremos de Dios porque creemos la mentira que el pecado nos programó adentro desde Adán y Eva: «Puedo cuidarme a mí mismo y seré más feliz por mi cuenta» (como los niños del capítulo uno).

Por eso, Jesús contó las parábolas que se registraron en Lucas 15 (puedes buscarlo en la Biblia, leerlo y regresar), porque ese desastre es el más común y el más peligroso. Creo que ellas ilustran lo que el apóstol Pablo está diciendo en Efesios acerca del carácter paternal del Señor. Jesús usa una moneda, una oveja y un hijo para revelar nuestra completa inhabilidad para siquiera saber que somos huérfanos y, al mismo tiempo, revelar Su total compromiso de encontrar a aquellos que se propuso amar de antemano, iluminando los ojos de su corazón.

En las tres historias de ese capítulo, vemos un protagonista angustiado por una pérdida. La mujer que barre su casa, se arrodilla y mueve los muebles para encontrar su pequeño tesoro. El pastor con corazón que late fuerte por la oveja que podría ser devorada por los lobos. El papá cuyo carácter amoroso atrae a su pródigo hasta darle la bienvenida a la seguridad del hogar.

Por fin recapacitó y se dijo: «¡Cuántos jornaleros de mi padre tienen comida de sobra, y yo aquí me muero de hambre! Tengo que volver a mi padre y decirle: Papá, he pecado contra el cielo y contra ti. Ya no merezco que se me llame tu hijo; trátame como si fuera uno de tus jornaleros» (Luc. 15:17-19).

Este hijo no recapacitó por medio de un mero autoexamen, por reunir fuerza de voluntad o hacer otra resolución de Año Nuevo. No. Sentado en una pocilga, sin esperanza y con la barriga vacía, probablemente sus mejillas eran la única parte de su piel que no estaba cubierta de barro seco y apestoso, debido a las lágrimas. Recordó la sonrisa cálida y los ojos tiernos de su papá, sus manos trabajadoras, el olor de su túnica y la manera respetuosa y amable en que instruía a sus trabajadores; podría haber tratado a esos empleados con frialdad y distancia, pero recibían un trato justo y generosas dosis diarias de paz y protección. Por el puro afecto de Su voluntad, este muchacho recapacitó volviendo a ver en su mente la película de quién lo esperaba en casa, volvía a darle *play* a lo que sabía que era verdadero: el carácter de su papá.

No nos confundamos: el comportamiento cambia profundamente (no de forma temporal ni superficial) cuando el corazón es cautivado por un amor consistente e inmerecido. Este hijo obtuvo una imagen clara de su oscuridad e ingratitud al punto de ser humillado, solamente porque la increíble luz de su papá brilló más en sus circunstancias presentes. ¡El amor brillante del papá lo persiguió hasta la pocilga! Ese orgullo que lo había hecho creerse «con derecho» había sido pulverizado junto a las riquezas que heredó. Ahora sí, estaba listo para llegar a casa. Claro, el hambre, las penas o la vergüenza pueden inicialmente atraer a muchos hacia el Padre, pero solo una imagen clara de quién es el Padre y quiénes somos nosotros sin Él puede transformar los afectos y, en última instancia, el comportamiento. La clave es el Padre.

Dios es el que nos mantiene firmes en Cristo,

tanto a nosotros como a ustedes. Él nos ungió

(2 Cor. 1:21).

Y debo decir, este joven desastre no se perdió cuando tomó el dinero para irse a Las Vegas; más bien, Las Vegas reveló lo perdido que siempre había estado. Los recursos y las circunstancias solo acentúan lo que ya nos comanda, nuestra verdadera esperanza y a quién amamos realmente. Es una bendición no tan obvia recibir lo que querías y luego descubrir que no es suficiente, porque significa que no fuiste diseñado —predestinado— para eso. Si vemos bien, fue la relación la que salvó a ese hijo. Eso es lo único que salva. Requiere de ese momento de claridad, cuando dices: «¡Ajá!», recapacitas y te das cuenta de que has estado durmiendo con los cerdos todo este tiempo mientras tu Padre te anhela con Él. Carecemos de poder para siquiera saber que lo necesitamos o qué tan lejos de casa nos hemos ido hasta que Él llega con luz y un mapa.

Es precisamente por eso que el hijo mayor —para el cual fue contada esta historia en realidad— tuvo tanta dificultad para recapacitar. Creo que no vemos un cierre explícito en este caso, porque Jesús quiere arrastrarnos a la historia y que nos identifiquemos. Yo era el hijo menor lleno de afectos obviamente desviados, pero también era el hijo mayor que trabajaba duro por las razones incorrectas.

Y tú también. El mayor también estaba perdido por resentir a su papá, esperando ganarse favores cuando eso ya estaba felizmente provisto. Era un arrogante que en secreto les ponía calificación a todos, incluido él mismo. Vivía una vida sumamente miserable, trabajando para su papá, mientras ignoraba por completo quién era su papá. Siempre babeando por los beneficios y perdiéndose el gozo que es tener a ese buen Padre.

Hizo fiesta

Me refugio en lo que el Padre me está enseñando a través de la adopción. Ya no hay lugar a dudas de que soy completamente defectuosa. Toda nuestra familia lo es. Lo que nos mantiene unidos en los días difíciles (que no son pocos) no es el desempeño de nuestros hijos o el nuestro; lo que nos mantiene unidos es que nos hemos comprometido a amarlos antes de que alguno de ellos se diera cuenta de que eran nuestros. Alex y yo planeamos, ahorramos, soñamos, compramos, visitamos médicos, nos preocupamos y oramos por cada uno de ellos —biológicos y adoptivos— mientras que ellos lo ignoraban todo. En la adopción y en la salvación, la relación se sostiene por los que la inician.

Los hijos no saben que la alegría que los papás experimentamos al dar es exponencialmente mayor a la de ellos al recibir, y nosotros somos sombras ridículamente débiles de Aquel que da sin medida, o una celebración musical desde el cielo, porque nos estaba dando acceso a toda bendición en las regiones celestiales para siempre. ¡A sabiendas del costo! A sabiendas del desprecio, de la ignorancia, de la traición, del dolor. Dio porque es Su esencia. Nos dio a Su Hijo perfecto, el más increíble regalo, y no porque fuéramos buenos, sino todo lo contrario, porque ese regalo nos capacitaría para serlo, como lo planeó desde el principio por el puro afecto de Su voluntad para la alabanza de Su gloriosa gracia que nos concedió en Su Amado.

El día que cada una de nuestras niñas llegó a la familia (con un año de diferencia), mi esposo sabiamente hizo lo mismo: las llevó por su nueva casa, les presentó a nuestras perritas, nos sentamos a la mesa y dijo: «Hoy todos estamos muy felices y tú estás portándote muy bien, pero quiero que sepas que vendrán días en los que te sentirás diferente y vas a hacer las cosas mal. Debes saber que te vamos a amar todos los días, te portes como te portes. Te vamos a enseñar, corregir y ayudar, porque eres una López García para siempre. Si Dios nos lo permite, seré yo quien te entregue en el altar».

Después, comimos pastel y celebramos. A la fecha, cada 16 y 17 de marzo (los aniversarios de sus llegadas), volvemos a hacer fiesta. Ese día es de fiesta para los López García y se llama «BienveDía»; no porque «se lo merezcan» —si soy sincera, ¡hubo Bienvedías en los cuales lo que menos quería era celebrar!—, sino porque son nuestras hijas y ese fue el día perfecto en el calendario de Dios para traerlas. Yo solo puedo pensar en que, si nosotros, que somos malos, sabemos dar cosas buenas a nuestros hijos, ¡cuánto más nuestro Padre celestial!

> *Pero* **teníamos** *que hacer fiesta y alegrarnos,*
> *porque este hermano tuyo estaba muerto, pero*
> *ahora ha vuelto a la vida; se había perdido,*
> *pero ya lo hemos encontrado* (Luc. 15:32,
> énfasis mío).

Aquel que, en amor, nos escogió en Él antes de la fundación del mundo, corre hacia nosotros y nos abraza y no se queda allí. El amor verdadero tiene que hacer fiesta. TIENE QUE… porque celebra el día en que nos rendimos y dejamos de tratar en nuestras fuerzas, el día en que reconocemos nuestra condición miserable, vulnerable y que estamos listos para aprender a ser hijos (aunque pasemos el resto de la vida peleando con nuestros impulsos primitivos del corazón huérfano). ¡Este Padre eterno celebra en el inicio! Y puede hacerlo porque ha visto el producto terminado —en Cristo Jesús— y está deseoso de comenzar el proceso (que está completamente pagado en Cristo Jesús). Sabe que la fuerza de Su amor paternal finalmente ganará la furiosa batalla por los corazones que se propuso cautivar.[7]

---

[7] Parte de este capítulo fue adaptado de un capítulo que escribí origi-

Palabras acerca de los papás de carne y hueso y el Papá perfecto

Quizás estás leyendo este capítulo, y la idea de un Papá amoroso que te persigue hasta el punto de lastimarse Él mismo para traerte a casa no tiene referencia en tu vida real, porque nunca tuviste la dicha de gozar de una relación con tu papá terrenal, por el motivo que sea. Además, quizás en tu caso, no se trata de que has extrañado esa presencia, sino que sufres las consecuencias de la misma, de los malos tratos que vinieron de la fuente que debía protegerte y amarte. Trauma no solo es el mal que pasó, sino también el bien que no pasó. Por eso, encuentro oportuno incluir estas palabras del pastor John Piper:

Leamos Mateo 7:11 cuidadosamente y realmente pensemos sobre esto. «Si ustedes, que son malos...». Eso no es para nada un halago y es bien directo; la manera en que Jesús es la mayor parte del tiempo. ¿Por qué Jesús dijo eso? «Si ustedes, que son malos, saben dar cosas buenas a sus hijos, ¡cuánto más su Padre que está en el cielo les dará buenas cosas a los que le piden!». La Biblia a menudo no solo atrae la atención a las similitudes entre la paternidad humana y la paternidad divina; también suele llamar la atención a las vastas diferencias

---

nalmente para el libro *Lost & Found* de TGC (traducido del inglés al español).

entre las dos. ¿Puedes pensar en otros pasajes? Hebreos 12:10: «En efecto, nuestros padres nos disciplinaban por un breve tiempo, como mejor les parecía; pero Dios lo hace para nuestro bien, a fin de que participemos de su santidad». La Biblia no pasa por alto este dolor, esta realidad en el mundo: que todos los padres humanos son malos... todos nosotros.

Así que, Jesús va más allá de animar diciendo: «Tienen un Padre en el cielo». Declara: «Tienen un Padre perfecto y sin maldad alguna» y pone como contraste a Dios, que no posee maldad como todos los padres, que son malos. Aun si tuviste el mejor de los papás, ¡te espera algo mejor! Dios es diez mil veces mejor que tu buen papá. La diferencia entre un buen papá terrenal y un mal papá terrenal es un milímetro, pero la diferencia entre Dios y el mejor papá terrenal es infinito... Nunca limites tu entendimiento de la paternidad de Dios con la experiencia que has tenido con tu propio papá, sin importar qué tan bueno o malo haya sido. En cambio, toma ánimo en que Dios no posee ninguno de los pecados de tu papá, cero.

Dios no tiene ninguna de las limitaciones de tu padre. Dios no tiene ninguna de las debilidades de tu padre. Y no arrastra ninguna de las limitaciones de tu padre... ninguna. Lo que

Jesús quiere decir es que aun los padres caídos dan cosas buenas, usualmente. Casi en todos lados del mundo —a pesar del pecado y la maldad—, los padres desean celosamente el bien de sus hijos. Dicen cosas como: «Si te metes con mi hijo, te metes conmigo». Eso está dentro de casi todos los padres —con pecado o no—; están del lado de sus hijos cuando están en problemas. Es lo que Jesús está diciendo... si un papá malo sabe hacerle bien a su niño, piensen en cuánto más su Papá perfecto está deseoso de hacerle bien a Sus hijos... está tratando de decirle a hijos mayores, hijos que ya tienen cuarenta años, que no tienen más que memorias horribles, que pueden llenarse de esperanza porque Él que está en el cielo es diez mil veces mejor...».[8]

---

[8] Traducción de fragmento del sermón *Ask Your Father in Heaven*, Desiring God. 31 de diciembre de 2006.

Anota y medita

Según Efesios 1, Dios Padre:

Nos ha bendecido

Nos escogió

Nos predestinó

Nos concedió la adopción

Nos dio redención en abundancia

Nos hizo conocer Su voluntad

Todo esto, ¡antes de que fueras consciente de tu condición!

¿Cómo impacta tu corazón el saber que Dios fue quien emprendió y pagó el «trámite» de tu adopción y que no dará marcha atrás?

Oración

Señor, no puedo comenzar a comprender tu mente o corazón, pero sé por la Escritura que en tu plan perfecto me predestinaste para ser hijo tuyo por el puro afecto de tu voluntad. Por favor, que meditar en esa preciosa realidad me haga dar fruto que provoque alabanza para tu gloriosa gracia. En el nombre de Jesús, Amén.

3

El costo de nuestra adopción:

el Amor del Hijo

Él nos hizo conocer el misterio de su voluntad conforme
al buen propósito que de antemano estableció en Cristo,
para llevarlo a cabo cuando se cumpliera el tiempo, esto
es, reunir en él todas las cosas, tanto las del cielo como las
de la tierra. En Cristo también fuimos hechos herederos,
pues fuimos predestinados según el plan de aquel que hace
todas las cosas conforme al designio de su voluntad, a fin
de que nosotros, que ya hemos puesto nuestra esperanza
en Cristo, seamos para alabanza de su gloria.

Efesios 1:9-12

¿Y cómo están los tuyos?

Cuando Dios nos llamó a agrandar la familia por medio
de la adopción, entendimos desde el inicio que tanto

los hijos biológicos como los adoptivos gozan de los mismos beneficios y comparten las mismas responsabilidades, así que aun si el proceso de apego fuera diferente, las bases eran las mismas: somos sus papás y ellos son nuestros hijos, todos. Pero evidentemente, no todo el mundo lo comprende así, o quizás —dando el beneficio de la duda— no tienen el vocabulario para expresarse, por lo que una de las preguntas más frecuentes que me hacían era (y aún es): «¿Cómo están los tuyos?». Claro, refiriéndose a Ana Isabel y Juan Marcos.

Fue una bendición leer *Adopted for Life* [Adoptados para toda la vida] de Russell Moore antes de que nuestras pequeñas vinieran a casa. El Dr. Moore confiesa haberse irritado muchas veces por comentarios y preguntas insensibles similares que le hacían, y deja en claro cómo ayuda el aceptar que, en general, la sociedad no comprende la decisión que tomamos. Si deseamos fomentar una cultura donde la adopción y el acogimiento temporal lleguen a ser abrazados, debemos aprovechar las preguntas sinceras y bien intencionadas que nos den la oportunidad de hablar claramente e, incluso, pueden propiciar conversaciones más profundas sobre nuestra fe.

Entonces, cuando me preguntan: «¿Cómo están los tuyos?», la respuesta que siempre tengo lista es: «Los cuatro están bien, gracias». Muy a menudo, me insisten diciendo: «No, los propios...», y se tocan la panza. Entonces, les sonrío y aclaro que los cuatro son míos y que seguramente se están refiriendo a mis «biológicos». A la gente le preocupa cómo se sienten con sus nuevos hermanos y mucha de esta preocupación surge de la percepción negativa que tienen de los niños de orígenes difíciles, especialmente cuando llegan a una familia siendo ya niños «grandes».

He contado en varias ocasiones de una amada hermana que me dijo que no había podido dormir el día que le conté que adoptaríamos. Supongo que al ser una mujer que llevaba muchos más años caminando fielmente con Dios y que además, es mamá y abuela, veía más claramente que esto iba a ser difícil... en este punto recuerdo también lo que mi buena amiga Tita dice: «Dios usa nuestra ignorancia para llamarnos». ¡Es tan cierto!

Debo decir que ninguno de nuestros hijos que vinieron por el milagro de la biología y que han dado la bienvenida a hermanos que no comparten su ADN es inmaculado, ni los míos ni los de nadie. Todos ellos encajan perfectamente con el resto de la humanidad, tal como lo establece el Señor: «Así está escrito: "No hay un solo justo, ni siquiera uno; no hay nadie que entienda, nadie que busque a Dios. Todos se han descarriado, a una se han corrompido. No hay nadie que haga lo bueno; ¡no hay uno solo!"» (Rom. 3:10-12). Sin embargo, verlos dar espacio a sus nuevos hermanos o hermanas es algo impresionante de presenciar y que me hace inevitablemente pensar en el Hermano mayor más hermoso que, unido perfectamente al corazón de Su Padre, ejecutó el plan más loco que se haya cocinado, y todo para lograr que fuéramos miembros de Su propia familia y heredáramos lo que solo a Él le pertenecía. A diferencia de mi pequeño de ocho años que preguntó: «¿Cuándo vamos a adoptar a alguien?» —con mucha ilusión y una muy vaga idea de lo que sería—, Jesús se ofreció a venir por nosotros a sabiendas del altísimo precio que implicaba para Él hacernos Sus hermanos.

NECESITÁBAMOS UN PUENTE

La historia de nuestro final feliz, de nuestro «para siempre» dichoso, tuvo que comenzar a contarse con la realidad de que nacemos con corazones huérfanos incapaces de correr al Padre, y que solamente porque Él es amor y nos persuade, llegamos a encajar en Sus brazos. La siguiente pieza clave es el *medio* por el cual esa persuasión llega a su culminación.

Hace unos cuatro años, un camino construido a la orilla de un barranco cerca de nuestra casa venía derrumbándose pedacito a pedacito. Finalmente, tuvo que ser clausurado por seguridad. Jamás pensé que fuera un pasadizo tan importante para los alrededores. Después de su cierre, el tráfico incrementó horriblemente en la zona, pequeños negocios del área se vieron afectados al punto de cerrar, y cada mañana veía padres de familia dejando estacionados sus autos de un lado, para pasar caminando por el estrecho acceso peatonal (que de todos modos era peligroso) con tal de llegar a los colegios sin tener que meterse al embrollo en el bulevar principal, que era el único acceso que quedaba. Yo misma dejé de comprar en algunas tiendas, y confieso que pensaba dos veces antes de visitar gente que quedaba «del otro lado» (¡ay, mi negro y acomodado corazón!).

En fin, dos sectores fueron separados y los efectos se hicieron sentir. Nuestro alcalde en ese momento —que es todo un personaje, pero ese es otro tema— sabía que sería un proyecto ambicioso que requeriría millones y un proceso burocrático abrumador, pero, de todos modos, lo emprendió.

Para entrar y salir de nuestra colonia, yo debía pasar frente a la construcción, y mi reportera interior frustrada tomaba foto de cada avance, por pequeño que fuera, porque después de sufrir los efectos negativos de la separación entre esas dos áreas, ver el anuncio del inicio de la construcción del puente fue una noticia que recibí con «harta alegría» (como dirían mis hermanos de Chile).

Para sorpresa de muchos, el proyecto se concluyó exitosamente —aun si fueron tres largos años después del cierre— y yo no pude evitar publicar en Instagram la recopilación de mis fotos adornadas con muchos gifs. Unos amigos se quedaron después del acto de inauguración hasta casi medianoche para gritar de alegría y aplaudir cada vez que pasaba un automóvil. Solo porque uno de mis hijos se enfermó esa noche, no fui parte del grupo bullanguero. Solo bastó que faltara ese bendito paso para saber cuánto lo necesitábamos; y cuando lo reinauguraron —ahora ya bien construido—, realmente lo apreciamos.

El caso del puente era conectar dos comunidades porque nos necesitábamos. Comerciantes, colegiales, maestros, familias, etc. Se trataba de conectar a pares. De ir y venir. De intercambiar. ¿Así será el caso del abismo entre Dios y nosotros? Eso es otra liga. ¡Otra estratósfera! Él es tres veces santo, completamente incapaz de pecar o estar siquiera en presencia del pecado; en Su presencia, la más pequeña partícula de suciedad es inadmisible. Además, Él es hacedor y dueño de todo lo que existe o existirá; entonces, jamás tendremos poder de negociación... esto presentaba un grave problema.

> *¿Quién puede subir al monte del Señor? ¿Quién puede estar en su lugar santo? Sólo el de manos limpias y corazón puro, el que no adora ídolos vanos ni jura por dioses falsos* (Sal. 24:3-4).

¿Quién puede afirmar: «Tengo puro el corazón; estoy limpio de pecado»? (Prov. 20:9).

De un lado, estaba el Padre perfecto y del otro lado estábamos nosotros, los huérfanos ciegos, repletos de orgullo y creyendo que podíamos solos. ¿Cómo podíamos encontrarnos? ¿Quién puede subir a Él? La magnitud de este abismo requeriría de otro nivel de puente, uno que soportara el peso de toda la maldad que ha existido, existe y existirá.

EL HERMANO MAYOR A LA INVERSA

¿Recuerdan al hermano mayor de la parábola de Lucas 15? Trabajando sumido en el resentimiento, con ínfulas de superioridad, sin verdadera relación con su padre, protestando por la fiesta de bienvenida que consideraba un desperdicio y a la cual se negaba a entrar... Ese es un retrato cien por ciento a la inversa de nuestro precioso Hermano mayor «quien, siendo por naturaleza Dios, no consideró el ser igual a Dios como algo a qué aferrarse. *Por el contrario,* se rebajó voluntariamente, tomando la naturaleza de siervo y haciéndose semejante a los seres humanos» (Fil. 2:6-7).

Por el contrario... Se trata de una presentación del reino al revés. Pablo está tomándonos de las dos manos y jalándonos hacia el otro lado del espejo, como en una película de *Alicia en el país de las maravillas.* Jesucristo, siendo Dios mismo, fue el Hermano mayor que trabajó gustoso junto a Su Padre, aprendiendo de Él cada día bajo el sol y estuvo a Su lado cuando se quiso ir el pequeño que andaba tras aventuras baratas. Los imagino juntos, cuando por fin el menor hizo sus maletas y lo despidieron. Veo al viejo contemplando el camino por el cual su pródigo se marchaba, negándose a caminar en dirección opuesta, hasta verlo desaparecer en el horizonte... y al mayor con un brazo en la espalda de su papá y tomándole la mano. Juntos sin decir mucho, limpiándose las lágrimas. Cada noche durante la cena, tomados de las manos, soñaban con el retorno del pequeño, partían el pan con otro puesto servido, pero vacío.

Jesús es el Hermano mayor que no se quedó de brazos cruzados y, una mañana, antes del amanecer, también se despidió del Padre y tomó toda Su herencia, pero por motivos completamente diferentes. Besando a Su viejo amado en la frente, salió decidido a no volver solo. Salió a buscar al que había escogido hacer su propia voluntad y ser feliz a su manera. Salió, no para traerlo arrastrado, sino para persuadir su corazón y abrir sus ojos a la verdad.

John Newton narró los últimos momentos que compartió con su mamá antes de salir al campo misionero. Una de mis mejores amigas, Carola, me lo contó con los ojos empañados por las lágrimas y, claro, después de leer el fragmento, yo misma también me emocioné. Lo incluyo a continuación:

Con su mano de madre amorosa preparó mi camita. Se sentó a mi lado y juntos entonamos el último himno que habríamos de cantar antes de nuestra separación. Nos arrodillamos y ella oró; la última oración de mi madre que yo habría de escuchar antes de irme a China. Luego nos notificaron que debíamos separarnos, y tuvimos que decirnos adiós sin esperar volver a vernos en esta tierra.

Ella refrenó sus sentimientos todo lo que pudo para no hacerlo mas difícil para mí. Nos separamos y se fue al muelle dándome su bendición. Yo permanecí solo en la cubierta, y pude ver que ella seguía al barco hacia el final del muelle. Al pasar por los portones, cuando la separación realmente comenzó, escuché algo que nunca olvidaré: el llanto de dolor que salía del corazón de esa madre. Me traspasó como puñal. Hasta entonces comprendí plenamente lo que significa que «de tal manera amó Dios al mundo». Y estoy seguro de que mi preciosa madre aprendió sobre el amor de Dios por los perdidos en esa hora de despedida más que en toda su vida hasta ese momento. [9]

Todas las mamás que despiden un hijo sin la certeza de volverlos a abrazar lloran igual. Mi hermana estaba viendo a través de

---

[9] Tim Challies, *Mujeres piadosas: Grandes hombres y sus madres*, Casa Bautista de Publicaciones, 2019, pág. 29.

la pantalla del celular de mi papá a su primogénito que había aterrizado de regreso en Guatemala por asuntos migratorios. Nosotros llegamos a recibirlo, lo estábamos rodeando, pero no a ella... nos vio junto a él y no pudo pronunciar palabra por el llanto. Se agarraba la blusa a la altura del pecho como cuando duele algo y no se sabe cómo traerle calma. Yo lloré al verla...

Así podría haber sido la despedida entre el Mayor y Su amado Papá ese día que habían marcado en el calendario. Dios tiene la ternura de todas las madres que han existido jamás, porque todas las trazas de ternura en cualquier madre de la historia son gracia común y provienen del carácter del Dios que es todo ternura.

Así emprendió camino Su muchacho y a medida que alcanzaba los pasos de Su hermano perdido, iba saldando todas las deudas que el otro fue dejando, como si estuviera detrás de una serpiente, recogiendo la piel que iba mudando.

Por fin, como el buen Pastor que es, después de una incansable búsqueda, encontró al que tanto amaba, postrado y comportándose como cerdo. Cualquier otro no lo habría reconocido — estaba completamente asqueroso—, excepto que Él lo conocía... realmente lo conocía. Se acercó a la pocilga caminando con cuidado, pero también con una urgencia feliz, se agachó y dijo su nombre; entonces Su hermano menor levantó la mirada y se vieron: el encontrado estaba completamente sucio, lleno de vergüenza, y el que lo encontró, estaba lleno de ternura.

El Limpio extendió Sus brazos —aunque aún estaban separados por el cerco— y delicadamente sostuvo con ambas manos ese rostro sucio y de expresión agotada. Después se incorporó y entró al lodazal para levantarlo. Cuando estuvieron de pie, se abrazaron y el pequeño entendió todo. El mayor se lo llevó de allí, lo bañó, le cambió la ropa y lo vistió de la confianza necesaria para regresar a casa con su Padre.

Esas sandalias gastadas durante el recorrido contaban del amor que no mide distancias. El Padre, con el corazón colgando de un hilo, revisaba el mismo horizonte como cada tarde y de pronto vio una silueta extraña asomarse. No distinguía bien, porque eran unas piernas y un cuerpo demasiado grandes... al acercarse otro poco, pudo ver al Mayor quien sonreía de oreja a oreja, pero con lágrimas mojándole la cara hasta la barba. En Su espalda, traía al que, desperdiciándose en una vida para la cual no había sido hecho, venía tan débil que se le hacía imposible aun cargar su propio peso. El corazón del Padre se aceleraba a medida que los veía más cerca y no resistió el emprender carrera para poder abrazarlos. Juntos por fin los tres, ese Papá y Su Primogénito planearon una fiesta, porque Su sueño se había hecho realidad y estar juntos para siempre era la idea que nunca se había apartado de Su mente.

En efecto, a fin de llevar a muchos hijos a la gloria, convenía que Dios, para quien y por medio de quien todo existe, perfeccionara mediante el sufrimiento al autor de la salvación de ellos. Tanto el que santifica como los que son santificados tienen un mismo origen, por lo cual Jesús no se avergüenza de llamarlos hermanos, cuando dice: «Proclamaré tu nombre a mis hermanos; en medio de la congregación te alabaré». [...] Pues, ciertamente, no vino en auxilio de los ángeles, sino de los descendientes de Abraham. Por eso era preciso que en todo se asemejara a sus hermanos, para ser un sumo sacerdote fiel y misericordioso al servicio de Dios, a fin de expiar los pecados del pueblo (Heb. 2:10-12, 16-17).

David Guzik señala acerca de este pasaje: «Para que Jesús cumpliera con su rol de "Hermano Mayor" para la familia de los redimidos, Él tuvo que participar de carne y sangre. Él *tuvo* que entrar a la prisión para liberar a los cautivos».[10] Y como lo explica Pablo, por el primer pródigo —Adán—, entró el pecado y la muerte, y por el Segundo Adán —Cristo—, entró la salvación y la vida eterna (Rom. 5:12-21). Si alguien de carne y hueso lo quebró, alguien de carne y hueso debía pagarlo. La dificultad yacía en que debía tener un desempeño cien por ciento perfecto el cien por ciento del tiempo para poder pagar la deuda.

---

[10] Guzik, *Enduring Word*, https://enduringword.com/comentario-bibli-co/hebreos-2/

El Salmo 24 pregunta: «¿Quién puede subir al monte del Señor? ¿Quién puede estar en su lugar santo?» (donde habita Dios). La única respuesta que podemos ofrecer es: ¡Jesús! El asunto es que nuestra ofensa es del tamaño del Dios al que ofendimos, y solo Jesús tiene las manos limpias y el corazón puro, solo Él adora perfectamente a Su Padre y jamás se ha inclinado ante ídolos falsos, ¡aun cuando vivió entre nosotros! Solamente Él podría ser nuestro puente para llegar al otro lado, solamente Él sería capaz de firmar con Su vida entera nuestra adopción.

Él vino en la forma que menos hubiéramos pensado y hasta al diablo lo tomó por sorpresa: como bebé.

Pero, cuando se cumplió el plazo, Dios envió a su Hijo, nacido de una mujer, nacido bajo la ley, para rescatar a los que estaban bajo la ley, a fin de que fuéramos adoptados como hijos (Gál. 4:4-5).

Nos dio a Su Hijo a pesar de nosotros... Esa es la historia de Navidad. Esa es *Su* historia, la de dar a los malvados lo que jamás merecerían para derretirles el corazón y transformarlos de enemigos a hijos muy amados. Este Dios, el de la Biblia, no da al que se porta bien, sino que se apoya en Su propia bondad. Da por gracia, al peor pecador, Su mejor regalo: Él mismo, porque Jesús y el Padre son uno y el que ha visto al Hijo, ha visto al Padre.[11] Por eso nos gusta dar regalos a nuestros hijos, simplemente porque son

---

[11] Juan 14:9

nuestros y hemos decidido amarlos, no basado en su desempeño, sino como nuestro Padre, en Jesús, nos ha amado a nosotros.

Cada Navidad deseo volver a contarles lo que Dios me dio cuando estaba perdida. ¡Es un día perfecto para anunciarles a nuestros hijos el evangelio! Decirles —y decirnos a nosotros mismos— que nos llegó el alivio de dejar de tratar de ganar un lugar en Su mesa por esfuerzo humano, que podemos dejar de intentar limpiarnos las manos y el corazón con más actividades y buenas obras porque nos llegó el Amor divino. No podíamos unir los sectores infinitamente separados, pero nuestro Hermano mayor quiso convertirse en puente.

Porque hay un solo Dios y un solo mediador entre Dios y los hombres, Jesucristo hombre, quien dio su vida como rescate por todos... (1 Tim. 2:5-6).

EN, EN, EN

Busqué en el libro de Efesios (que se compone únicamente de seis capítulos) y tomé una pequeña muestra de las veces en que Pablo usa «en Cristo Jesús», «con Cristo», o cuando se refiere directamente a nuestra unión con Él. Descubrí que existen al menos 22 veces, y como he comprobado que escribir es sumamente útil para procesar y fijar el conocimiento, a continuación, recopilé unos cuantos de esos versos. Lee en voz alta y despacio cada uno, rellenando los espacios en blanco con las palabras EN CRISTO JESÚS:

Pablo, apóstol de Cristo Jesús por la voluntad de Dios, a los santos y fieles _____ que están en Éfeso (1:1).

Alabado sea Dios, Padre de nuestro Señor Jesucristo, que nos ha bendecido en las regiones celestiales con toda bendición espiritual _____ (1:3).

Él nos hizo conocer el misterio de su voluntad conforme al buen propósito que de antemano estableció _____, para llevarlo a cabo cuando se cumpliera el tiempo, esto es, reunir en él todas las cosas, tanto las del cielo como las de la tierra. _____también fuimos hechos herederos, pues fuimos predestinados según el plan de aquel que hace todas las cosas conforme al designio de su voluntad, a fin de que nosotros, que ya hemos puesto nuestra esperanza _____, seamos para alabanza de su gloria (1:9-12).

Y en unión con Cristo Jesús, Dios nos resucitó y nos hizo sentar con él en las regiones celestiales, para mostrar en los tiempos venideros la incomparable riqueza de su gracia, que por su bondad derramó sobre nosotros _____.

Porque por gracia ustedes han sido salvados mediante la fe; esto no procede de ustedes, sino que es el regalo de Dios, no por obras, para que nadie se jacte. Porque somos hechura de Dios, creados_____ para buenas obras, las cuales Dios dispuso de antemano a fin de que las pongamos en práctica (2:6-10).

Pero ahora _____, a ustedes que antes estaban lejos, Dios los ha acercado *mediante la sangre de Cristo* (2:13).

... conforme a su eterno propósito realizado _____ nuestro Señor. En él, mediante la fe, disfrutamos de libertad y confianza para acercarnos a Dios (Efesios 3:11-12).

Al que puede hacer muchísimo más que todo lo que podamos imaginarnos o pedir, por el poder que obra eficazmente en nosotros, ¡a él sea la gloria en la iglesia y_____ por todas las generaciones, por los siglos de los siglos! Amén (3:20-21).

Más bien, sean bondadosos y compasivos unos con otros, y perdónense mutuamente, así como Dios los perdonó a ustedes _____ (4:32).

Como puedes ver, el énfasis no se colocó al azar. No podíamos llegar a esta familia con solo presentarnos y tocar la puerta. Debíamos presentarnos escondidos en Alguien que fuera aceptable delante de ese Dios tres veces santo que se revela en la Escritura. Tú y yo necesitamos ubicarnos delante de Dios, pero jamás cubiertos en nuestra propia justicia, porque no alcanza para cubrir toda nuestra maldad o lavar nuestra suciedad. Solamente Jesús puede cubrirnos y así hacernos entrar a casa como hijos, ¡Llegar en los hombros de ese precioso Hermano mayor significa que nos recibirán con fiesta!

NUESTRO HERMANO, EL CORDERO

Una vez oí decir a una señora que no invitaba a un vecino a la iglesia porque era «muy buena gente... él no necesita» (y regresamos a lo de las vallas publicitarias que decían que no necesitamos creer en Dios para ser buenas personas). Aunque decimos constantemente con nuestras bocas que, claro, la salvación no es por obras, lo negamos en la práctica y en la falta de evangelismo. Creo que mucho del problema radica en nuestro pobre entendimiento de la santidad de Dios. Realmente creemos que si actuamos bien, tenemos un buen récord crediticio y carecemos de antecedentes penales, entonces todo eso será suficiente para presentarnos delante del Creador del universo y hacernos acreedores de una entrada al cielo. De hecho, uno de los comentarios más frecuentes que se oyen cuando uno adopta (mis hermanos de Corazones Fértiles lo pueden confirmar) es: «Usted ya se ganó el cielo».

Pero en nuestro propio nombre jamás seremos recibidos en la presencia de Dios, nuestros propios méritos apenas llegan a la categoría de «trapos de inmundicia» (Isa. 64:6). El bien que podemos tratar de hacer (en nuestras fuerzas) es inaceptable y sucio delante de Dios. Todos somos como suciedad, incluso el bien que hacemos está contaminado. Spurgeon lo expresaba así: «Hermanos, si nuestras justicias son tan malas, ¿cómo serán nuestras injusticias?».[12]

El Padre realmente nos ama, pero eso no significa que niegue nuestra realidad. La condición para ser reconocidos como hijos es que reconozcamos el mérito de nuestro Hermano mayor, quien hizo el máximo sacrificio para traernos a casa. La única condición para ser partícipes en esa mesa es recibir el diagnóstico (que presenté en el capítulo uno) y venir corriendo a refugiarnos en el trabajo terminado de Jesús en la cruz del Calvario.

Entonces, solo existen dos vías: la nuestra o la del Señor.

---

[12] Guzik, *Enduring Word*, https://enduringword.com/comentario-bibli-co/isaias-64/

- O venimos delante del Padre envueltos en nuestros méritos o en los de Su Hijo.

- O aceptamos por la fe que Jesús pagó nuestro castigo al precio de Su sangre o lo pagamos con la nuestra en el día final.

En otras palabras...

- O estamos EN CRISTO JESÚS o estamos en orfandad.

- O estamos EN ÉL o estamos sin Padre y librados a nuestros propios recursos.

Si somos aceptados, jamás pensemos que es por algo en nosotros. Solamente podemos ser aceptados y amados por el Padre cuando aceptamos al Hijo: «Ya que el Padre mismo los ama porque me han amado y han creído que yo he venido de parte de Dios» (Juan 16:27).

Él es el único medio por el cual es posible conectar al otro lado porque solo Jesucristo cumple con absolutamente todos los requisitos que el Padre estableció para poder aceptarnos. La talla es demasiado grande; la barda, demasiado alta. No podemos pretender llegar a llenar esos zapatos. ¿Quién puede subir delante de ese Dios santísimo? ¡Nadie! Él tuvo que bajar y, ¡gloria a Dios! porque lo hizo con una gozosa obediencia por amor a Su nombre y nuestro beneficio. Como dice Tim Keller:

«El evangelio consiste en que yo soy tan defectuoso que Jesús tuvo que morir por mí, pero al mismo tiempo, soy tan amado y valorado que Jesús lo hizo con gusto». [13]

MISERICORDIOSO, PERO JUSTO

Así que, «se rebajó voluntariamente, tomando la naturaleza de siervo y haciéndose semejante a los seres humanos» (Fil. 2:7).

Hacerse como uno de nosotros para comprendernos completamente es, en sí, increíble y exuberantemente generoso. ¿Te ofrecerías para convertirte en perro callejero (¡desde la concepción!) y sufrir todo lo que sufren, con tal de comprenderlos? ¿Qué tal una rata? ¿Cucaracha? ¿Lombriz?... Yo tampoco. Esos son ejemplos ridículos, pero los menciono porque ninguna de estas criaturas es tu enemiga. Y si no me ofrezco yo, ¡muchísimo menos ofrecería a uno de mis hijos! Pablo explica el extremo al cual fue necesario que se rebajara Jesús: «Y, al manifestarse como hombre, se humilló a sí mismo y se hizo obediente hasta la muerte, ¡y muerte de cruz!» (Fil. 2:8).

Muerte... de cruz... ¡inimaginable!

Recuerdo la horrible tarde que pasamos haciéndole exámenes de laboratorio preoperatorios a mi bebé de dos meses y no puedo

---

[13] Timothy Keller, *El significado del matrimonio*, B&H Publishing Group, 2017, pág. 52.

olvidar cómo se veía cuando lo tuve que acostar y sostener su bracito para que le extrajeran sangre. Era como si él me dijera: «Mami... no vas a dejar que me lastimen ¿verdad? Si estás aquí es porque no me va a pasar nada, ¿verdad?... Mamá, ¡sácame de aquí por favor!». Fue la primera vez que lo vi llorar con lágrimas, y yo fui su espejo. Aún se forma un nudo en mi garganta cuando lo recuerdo. Esto de trazar un plan de rescate por rebeldes malagradecidos, al precio de toda la sangre del Hijo único e inocente, me rebasa.

Una vez, después de enseñar en un campamento de jóvenes, una adolescente que había crecido en la iglesia se me acercó a agradecerme por haber explicado el tema de la sustitución de Cristo. Me dijo que siempre que escuchaba sobre la cruz, se terminaba preguntando —y nunca había tenido el valor de preguntar—: «Realmente, ¿por qué Jesús *debía* morir? ¿No había otra manera?». Quizás te pase lo mismo. Es posible que hayas escuchado hablar acerca de la crucifixión toda tu vida, pero igual no podrías dar una respuesta a esa pregunta, o quizás solo conoces referencias a ella, pero nunca te has detenido a pensar por qué.

Unas páginas atrás, compartí una pequeña parte de mi testimonio y de cómo Dios me trajo a una verdadera relación con Él. Pues uno de los hitos durante ese tiempo sucedió un día cuando estaba trabajando sola en casa y quería oír algo que durara al menos 30 minutos en YouTube. Encontré un sermón de Tim Keller titulado: «*Abraham and the torch*» [Abraham y la antorcha], donde exponía Génesis 15. Nunca lo había escuchado, así que le di *clic*.

Después de un rato, estaba menos enfocada en mi trabajo y más absorta en lo que estaba oyendo… tecleaba, oía algo que me impactaba, ponía pausa al video y anotaba a un lado… seguía tecleando, oía otra cosa, retrocedía la grabación un poco para asegurarme de haber oído bien, y anotaba otro poco… abría los ojos, levantaba las cejas en asombro y salía un poco del ¿por qué nunca había entendido esto? Esta explicación claramente me estaba volando la cabeza.

El caso es que este pasaje, que sinceramente es algo extraño —como mucho en la Biblia—, relata un encuentro entre Abraham y Dios, después de que el Señor le hiciera la conocidísima promesa: «Haré de ti una gran nación»,[14] aun cuando Abraham y Sara seguían contando canas y nada de hijos. En esta escena, Abraham (que en este momento aún se llamaba Abram) está dudando otra vez del plan y de su capacidad de cumplir con su parte del «trato», por lo que Dios lo guía a hacer un ejercicio extremadamente didáctico que le deja bien claro cómo iban a ser las cosas:

---

[14] Génesis 12, 17.

PERO ABRAM LE PREGUNTÓ:

—*Señor y Dios, ¿cómo sabré que voy a poseerla?*

El Señor le respondió:

—*Tráeme una ternera, una cabra y un carnero, todos*
ellos de tres años, y también una tórtola y un pichón
de paloma.

Abram llevó todos estos animales, los partió por la
mitad, y puso una mitad frente a la otra, pero a las
aves no las partió. [...]

Cuando el sol se puso y cayó la noche, aparecieron
una hornilla humeante y una antorcha encendida, las
cuales pasaban entre los animales descuartizados. En
aquel día el Señor hizo un pacto con Abram. Le dijo:

—*A tus descendientes les daré esta tierra, desde el río de*
Egipto hasta el gran río, el Éufrates (Gén. 15:8-10, 17-18).

Para nosotros, en este lado del mundo y en este punto de
la historia, parece un verdadero disparate (ni hablar de la
crueldad contra los animales), pero para un hombre del tiempo
de Abraham, esto era completamente familiar y sabía que lo
que Dios estaba diciendo era: «Ve a preparar un contrato con
tu abogado». Jeremías hace referencia a esta práctica de hacer
un pacto partiendo animales y repitiendo el juramento del
pacto mientras caminaban a través de los pedazos de animal
(Jer. 34:18-20).

Puede sonar increíble, pero Abram estaba realmente soñoliento y solo fue testigo de lo que pasaba: una hornilla humeante y una antorcha de fuego se pasearon dos veces por en medio para «firmar» el pacto... Abram permaneció inmóvil... Estos dos símbolos pasando en medio... La voz calmada de Tim Keller salía de las bocinas de mi computadora diciendo:

Sabemos esto: Dios caminó entre los pedazos solo. No le dijo a Abraham: «Ahora te toca». Déjenme decirles que es algo completamente único y maravilloso, porque sabemos esto por la arqueología: cada vez que un rey entraba en una relación de pacto con un vasallo —o alguien de menor categoría, como un rey conquistado o de un reino menos poderoso— o un sirviente, o los dos pasaban por en medio de los pedazos o solo el de menor importancia, diciendo: «Si no cumplo con mi parte, que yo quede así, despedazado y que me devoren los animales del campo». Pero cuando este Rey pasa por allí solo, esto es lo que Dios está diciendo: *Abraham, yo pasaré por ambos.* Este es el

evangelio. La salvación y la fe cristiana
no son un esfuerzo colaborativo, no son
«ayúdate que yo te ayudaré»; no se trata
de una sociedad. Dios viene y declara: «Yo
cargaré sobre mí mismo la maldición de este
pacto. Abraham, que sea yo cortado si no
cumplo con mi parte… pero Abraham, que
sea yo cortado si tú no cumples con la tuya.
Yo te bendeciré, aun si significa —y así fue—
que yo deba morir».

¿No te das cuenta? Siglos después, la oscuridad bajó
nuevamente. Leemos sobre eso en Marcos 15:33-34: «Desde
el mediodía y hasta la media tarde quedó toda la tierra en
oscuridad. A las tres de la tarde Jesús gritó a voz en cuello:
—*Eloi, Eloi, ¿lama sabactani?* (que significa: "Dios mío, Dios
mío, ¿por qué me has desamparado?")». Isaías 53:8 dice:
«Después de aprehenderlo y juzgarlo, le dieron muerte; nadie
se preocupó de su descendencia. Fue arrancado de la tierra
de los vivientes, y golpeado por la transgresión de mi pueblo».

Abraham no tenia idea de cuánto iba a costarle a Dios hacer la
promesa que hizo… ¡el Mesías fue cortado! ¡Arrancado! ¡Su

inmortalidad se convirtió en mortalidad! ¡Su inmutabilidad mutó! ¡Dios murió! La oscuridad vino sobre Él...[15]

Ese momento, a solas en mi pequeño estudio, mojé mi teclado con lágrimas de asombro, alegría y gratitud. Desplomada sobre mi escritorio, recibí la vista para ver con nueva luz esta vieja verdad y tuve mayor conciencia de cuánto mi Padre y mi Hermano mayor pagaron con tal de traerme a casa, vi más claro el milagro de que hoy millones lo llamemos «Padre Nuestro»... *¡nuestro!* En plural. Antes solo un Hijo, el Perfecto. Ahora, muchos hermanos lavados en Su nombre, redimidos por Su obra, esperando la adopción final.

No hay duda. Me ama. Te ama. El amor solo es comprobable al medir lo que se está dispuesto a perder por el bien de alguien más. No hay muestra más tangible que la cruz.

MÁS QUE PERDONADOS, ADOPTADOS

Sí, sin Jesús y Su intervención, éramos huérfanos, pero no solo eso, también éramos enemigos de Dios. El puente fue construido con sangre no solo para proveer un regreso al Padre, sino también para tener un escondite seguro que nos protegiera de Su ira (que es justa y santa).

---

[15] Traducción de extracto del sermón *Abraham and the torch*, Gospel in Life, YouTube: https://www.youtube.com/watch?v=4MLqalGN_ZQ.

Pero Dios demuestra su amor por nosotros en esto: en que cuando todavía éramos pecadores, Cristo murió por nosotros. Y ahora que hemos sido justificados por su sangre, ¡con cuánta más razón, por medio de él, seremos salvados del castigo de Dios! Porque si, cuando éramos enemigos de Dios, fuimos reconciliados con él mediante la muerte de su Hijo, ¡con cuánta más razón, habiendo sido reconciliados, seremos salvados por su vida! Y no solo esto, sino que también nos regocijamos en Dios por nuestro Señor Jesucristo, pues gracias a él ya hemos recibido la reconciliación (Rom. 5:8-11).

La magnitud de la obra de la cruz es imposible de imaginar… no es que solamente nos dejara una cuenta «a cero», o un récord limpio para irnos en libertad a tratar de «vivir bien» por nuestra cuenta; no es simplemente que pagara la fianza, o que fuera a la silla eléctrica en lugar nuestro… ¡es que salimos del tribunal absolutamente limpios y abrazados por un nuevo papá!

Nos convirtió en Sus hijos, con la habilidad de entrar hasta Su habitación para hablar de lo que sea y con la garantía de un lugar permanente a su lado ¡para siempre! Delante de Dios, pasamos de ser enemigos, a ser criminales convictos, a ser perdonados, a ser hijos amados… tan cierto que, cuando los discípulos le preguntaron a Jesús: «¿Cómo debemos orar?», Él respondió:

«Ustedes deben orar así: "Padre nuestro que estás en el cielo..."».[16] En la ley romana, cuando la adopción se completaba, en verdad se completaba. La persona que había sido adoptada tenía todos los derechos de un hijo legítimo en su nueva familia y por entero perdía todos sus derechos en su antigua familia. A los ojos de la ley esta era una nueva persona. Era hecho nuevo, de tal modo que todas las deudas y obligaciones que le conectaban con su familia anterior eran abolidas, como si nunca existieran (W. Barclay).[17]

Acercarnos al Señor diciendo «Padre»...Reconoce de manera correcta a quién oramos, viniendo con un título privilegiado que demuestra la relación privilegiada. Era muy inusual para los judíos de ese tiempo el llamar a Dios «Padre» porque era considerado demasiado íntimo. [...] Esta es una oración enfocada en la comunión; Jesús dijo «Padre nuestro» y no «Mi Padre». «Toda la oración es social. El pronombre singular está ausente. El hombre entra a la presencia del Padre, y ora como parte de una gran familia» (Morgan).[18]

Por lo tanto, ya que en Jesús, el Hijo de Dios, tenemos un gran sumo sacerdote que ha atravesado los cielos, aferrémonos a la fe

---

[16] Mateo 6:9
[17] Guzik, Enduring Word. https://enduringword.com/comentario-bibli-co/efesios-1/
[18] Ibíd. https://enduringword.com/comentario-biblico/mateo-6/

que profesamos. Porque no tenemos un sumo sacerdote incapaz de compadecerse de nuestras debilidades, sino uno que ha sido tentado en todo de la misma manera que nosotros, aunque sin pecado. Así que acerquémonos confiadamente al trono de la gracia para recibir misericordia y hallar la gracia que nos ayude en el momento que más la necesitemos (Heb. 4:14-16).

Anota y medita

Ahora que conoces más de cómo fue posible que tú y yo llamáramos PADRE a Dios —por la obra de nuestro Hermano mayor, Cristo—, escribe una oración con tus propias palabras en respuesta a lo que Él haya hablado a tu corazón:

Tomando ventaja de la tecnología (usa Google o tu aplicación de Biblia) busca las palabras «en Cristo Jesús» o «en Jesucristo» y anota las que más te impacten:

4

Sellados por el Espíritu Santo:
la garantía de nuestra adopción

En él también ustedes, cuando oyeron el mensaje de
la verdad, el evangelio que les trajo la salvación, y lo
creyeron, fueron marcados con el sello que es el Espíritu
Santo prometido.

Efesios 1:13

El tío loco de la Trinidad

Recuerdo haber leído por algún lado que muchos ven al Espíritu Santo como «el tío loco» de la Trinidad. Ya saben… ese tío que no encaja del todo y siempre llega a su propia hora, con mil historias, vestido raro y con un corte de cabello nuevo… Sinceramente, ese término del «tío loco» me da mucha risa, y no puede estar más alejado de quién es el Espíritu de Dios.

Sin embargo, creo que sé a lo que se refiere: primero, en nuestra vida natural tenemos referencias de lo que es un padre y de lo que es un hijo; sea como sea, lo vemos a diario. Pero, ¿Espíritu Santo? Quizás algunos oyen: «espíritu» y solo pueden imaginar historias de fantasmas alrededor de una fogata o a doña Clotilde de *El chavo del ocho* diciendo: «espíritus chocarreros» (insertar risas pregrabadas aquí).

Lo segundo y mucho más importante —creería yo— es que abundan en Latinoamérica enseñanzas raras, desatinadas y sencillamente malas acerca de la tercera Persona de la Trinidad, y eso es muy preocupante. Me atrevo a decir que esta pata corta en la mesa de la enseñanza es diabólica, y no estoy exagerando. ¿Por qué? Porque se esparce mucha confusión y la gente sale engañada, pensando que conoce quién es el Espíritu Santo y cuál es Su función, cuando en realidad, en la mayoría de los casos, ni se examina la Escritura o, peor aún, se tuerce hasta que diga lo que quieren que diga.

Me entristece y apena mucho recordar una conferencia de mujeres en la que la expositora invitada comenzó a hablar acerca del Espíritu Santo y cómo recibió Su ayuda para conseguir un par de zapatos en oferta. Mientras la escuchaba, yo estaba sentada dando gritos en mi mente y deseando que se apagara el micrófono, ¡o que sonara la trompeta final en ese instante! Por favor, no me malentiendan, no estoy minimizando que se abra la Biblia y se enseñe del poder real del Espíritu (¡ojalá se hiciera más!). La maestra tampoco estaba ilustrando la bondad de Dios al ocuparse de detalles pequeños y «sin importancia» (algo que es muy cierto). Más bien, toda su enseñanza se centró en anécdotas en las que el Espíritu de Dios quedaba reducido a una especie de fuerza o polvo de hada que le facilitaba la vida y servía para satisfacer sus propios deseos... ¡una verdadera tragedia!

Así que, aunque obviamente es imposible cubrir todo lo referente al Espíritu Santo en un pequeño capítulo (al final te recomendaré algunos recursos), necesitamos ir a la Biblia y leer con nuestros propios ojos, aun brevemente, para maravillarnos de lo que nos revela acerca de quién es el Espíritu Santo y qué rol juega dentro de la Trinidad. Como siempre dice (o mejor dicho, canta) mi preciosa amiga Dámaris Carbaugh: «¡Lee tu Biblia!». Entonces, tómala y prepárate junto a lápices, marcadores, etc.

No los dejaré huérfanos

Y yo le pediré al Padre, y él les dará otro Consolador para que los acompañe siempre: el Espíritu de verdad, a quien el mundo no puede aceptar porque no lo ve ni lo conoce. Pero ustedes sí lo conocen, porque vive con ustedes y estará en ustedes. No los voy a dejar huérfanos; volveré a ustedes. Dentro de poco el mundo ya no me verá más, pero ustedes sí me verán. [...] Todo esto lo digo ahora que estoy con ustedes. Pero el Consolador, el Espíritu Santo, a quien el Padre enviará en mi nombre, les enseñará todas las cosas y les hará recordar todo lo que les he dicho (Juan 14:16-19, 25-26).

Ese capítulo del Evangelio de Juan comienza con Jesús diciendo: «No se angustien», un enunciado que se repite en cada libro de la Biblia. Es probable que no haya un sentimiento más común en la experiencia humana que el temor o la angustia; tenemos miedo a lo desconocido, a perder el control, al futuro, a vernos como tontos, a ser despreciados y a sufrir carencias. El temor se conecta directamente con la sensación de abandono.

A veces vemos adolescentes en situación de riesgo (quizás en orfanatos o incluso en centros de detención) y nos cuesta imaginar que detrás de la rebeldía y dureza de su actitud hay solamente un cúmulo de todos esos sentimientos que acabamos de mencionar. Se sienten completamente solos y sin voz.

Carlos Spurgeon, el famoso predicador inglés del siglo XIX, consideraba varias razones por las que los seguidores de Jesús no son como huérfanos:

· Un huérfano tiene padres que están muertos; el Espíritu nos muestra que Jesús está vivo.

· Un huérfano se queda solo; el Espíritu nos acerca más a la presencia de Dios.

· Un huérfano ha perdido a su proveedor; el Espíritu provee todas las cosas.

· Un huérfano queda sin instrucción; el Espíritu nos enseña todas las cosas.

· Un huérfano no tiene defensor, el Espíritu es protector. [19]

Una de las incalculables ganancias que me trae trabajar en pro de la niñez vulnerable es ir conociendo familia que no sabía que tenía alrededor del mundo. Gente que ha sido rescatada e injertada a la familia que el Señor está reuniendo para Sí mismo a lo largo y ancho de la historia. Gente que aboga por los huérfanos, que adoptó o que fue adoptada, gente que da voz a los más débiles; y también, gente que creció preguntándose mucho acerca de su propia historia y árbol genealógico, como nuestro amigo Edwin Aguilar.

Hace poco, lo pude escuchar nuevamente. Oír su testimonio humedece ojos, encoge estómagos y hace latir hasta los corazones más duros. Realmente deseo verlo escribir su propio libro algún día. Dios está aún revelando la historia que escribió para él,

---

[19] Guzik, *Enduring Word*. https://enduringword.com/comentario-bibli-co/juan-14/

así que seguramente se añadirán muchas más páginas en los siguientes años.

En esa ocasión, se presentó diciendo: «Soy evidencia del Dios que no abandona», y continuó preguntando: «¿Cuándo fue la última vez que se sintieron abandonados? Yo lo sentí por primera vez a los seis años».

Edwin fue llevado a un orfanato a esa edad porque su familia estaba enfrentando graves problemas. Después de una serie de eventos desafortunados y una burocracia cruel, fue declarado «hijo del estado» a los 12 años, lo cual realmente significaba «hijo de nadie», y debía vivir en el orfanato hasta cumplir los 18 años.

Durante esos doce años, viajó ilusionado a cada audiencia porque todos sus compañeros contaban que allí podían ver a alguien de su familia. Por eso, siempre procuraba vestir la mejor camisa (prestada). En cada audiencia, veía cómo los adultos discutían sobre su situación y su futuro mientras él miraba todo como un espectador en un partido de pimpón.

El esfuerzo de ir a cada audiencia lo más guapo posible era en vano porque ningún familiar llegó jamás. Pasó ocho Navidades completamente solo, a excepción de la compañía del portero de turno (que por gracia del Señor, era un hombre temeroso de Dios), porque todo el personal y los demás niños salían con algún familiar que los recibía todo un mes. Durante diez de esos doce años, vio las visitas mensuales de los demás desde la ventana del cuarto donde lo encerraban para que no saliera a incomodar por pedir comida. Menciona que no le gustan los superhéroes... «¡Todos son huérfanos! Siento que los conozco», dice mientras sonríe. De todos modos, de pequeño tenía una figura de Batman, al que una noche le dijo: «Vamos a salir de esta, Batman», y lo puso debajo de la almohada. Edwin siempre dice que, si las almohadas de los orfanatos hablaran, contarían mil historias. Esas almohadas valen mucho porque guardan miles de lágrimas de los niños que sienten que a nadie más les interesa guardarlas o secarlas. Escuchar a Edwin es, como poco, aleccionador.

¿Recuerdas a los niños del «orfanato secreto»? Ellos operaban desde el miedo. Lo constante en un niño de orígenes difíciles es el temor enraizado en la soledad, y de allí el instinto de solucionar los asuntos por sí mismos, porque sienten que no existe alguien que esté seriamente comprometido con ellos.

Acercarnos a realidades como la que Edwin vivió —que a menudo pasan detrás de puertas que preferimos no abrir— hacen posible ver con una nueva dimensión las palabras de la Biblia y es aún más impresionante cuando sabemos que ninguna de ellas fue escrita al azar.

Cuando Jesús escoge decir «no los dejaré huérfanos», está intencionalmente calmando la ansiedad más básica que tenemos:

ser abandonados y quedar completamente vulnerables. «Los discípulos de un maestro particular entre los hebreos lo llamaban *padre*; sus *estudiantes* eran llamados sus *hijos*, y, en su *muerte*, eran considerados *huérfanos*».[20] Jesús continúa entregando promesas, pintando una escena que todo huérfano anhela recibir: la garantía de un hogar permanente.

> *No se angustien. Confíen en Dios, y confíen*
> *también en mí. En el hogar de mi Padre hay*
> *muchas viviendas; si no fuera así, ya se lo*
> *habría dicho a ustedes. Voy a prepararles un*
> *lugar. Y, si me voy y se lo preparo, vendré*
> *para llevármelos conmigo. Así ustedes estarán*
> *donde yo esté* (Juan 14:1-3).

Comentando acerca de este pasaje, David Guzik dice: «El amor prepara una bienvenida. Con amor, padres expectantes preparan un cuarto para el bebé. Con amor, el anfitrión prepara todo para sus invitados. Jesús prepara un lugar para su pueblo porque los ama y está confiado en su llegada».[21]

Jesús, conociendo nuestra inclinación natural hacia el temor por la separación, nos da una «seguridad sentida». Aprendí

---

[20] *Adam Clarke Bible Commentary*, StudyLight.org
[21] Guzik, *Enduring Word*. https://enduringword.com/comentario-biblico/juan-14/

ese término de la Dra. Karyn Purvis, quien llegó a ser una verdadera autoridad en trauma y apego, especializada en temas de adopción y acogimiento temporal. En su libro, *El niño adoptado*, escribió que la seguridad sentida es «cuando arreglas el ambiente y ajustas tu comportamiento para que tus niños puedan sentir, de una manera profunda y básica, que están realmente seguros contigo. Hasta que tu niño experimente por sí mismo la confianza, no puede desarrollarse, y la sanidad y el aprendizaje no progresarán».[22]

Dar seguridad sentida es necesario en cualquier hogar, pero es imperativo cuando nuestros niños vienen operando según el terror de haber sido abandonados. Ante sus comportamientos «irracionales», podemos enojarnos y solo pensar: «¿Qué le pasa?», y obligarlos a entrar a nuestro mundo a empujones, golpes y más trauma (lo cual realmente, al final jamás funcionará). O podemos tratar de comprender por qué hacen lo que hacen, y mostrarles que pueden confiar en nosotros poco a poco, como cuando les damos a nuestros niños recién llegados de orfanatos un paquete de galletas para guardar, como muestra tangible de que no pasarán hambre: algo pequeño y bueno, algo a lo cual aferrarse, un señuelo que los atraiga hacia un lugar de verdadero descanso.

---

22   Karyn B. Purvis, David R. Cross y Wendy L. Sunshine, *El niño adoptado*. Ediciones Medici (2010). Pág. 48.

Recuerdo haber leído sobre esto durante nuestro primer proceso de adopción, y una de las compras más maravillosas que hice al prepararnos para la venida de Darly (en mi tienda favorita, que es de segunda mano), fue un patito de peluche que tenía un compartimiento secreto en su barriga. Abría la cremallera y le guardaba un jugo o un yogur, una galleta o una fruta pequeña, porque en los primeros días con nosotros, antes de salir juntas a lo que fuera, su pregunta invariablemente era: «Donde vamos, ¿hay comida o la llevas?». Solo esas dos opciones. En otras palabras: «O hay allá o la llevamos de aquí, pero el hambre no es parte de hoy ¿verdad?».

Después de leer sobre su etapa de desarrollo y antecedentes, comprendí que lo que necesitaba no era un sermón o mi reacción desesperada, sino un indicio claro de que yo comprendía su inquietud y angustia, y estaba en sintonía para solventar lo que ella consideraba su necesidad más urgente. También la llevé a conocer el supermercado, para enseñarle adónde podíamos regresar cada vez que fuera necesario. Poco a poco, fue creyendo que realmente nunca pasaría hambre con nosotros, y fue relajándose hasta no necesitar llevar comida con ella. Actualmente, hasta es capaz de tolerar un poco de espera. La razón para ese cambio es muy simple: ella ha recibido acciones consistentes que le dicen: «Confía, vas a recibir lo que necesitas».

Hay miles de detalles que la vida «normal» aporta a un niño, y recién cuando experimentamos la carencia, podemos notar el contraste y el milagro de la coreografía aparentemente intrascendente de actos pequeños y tan cotidianos como dar de comer, empacar una lonchera y comprar nuevamente en el supermercado, y cómo todo esto establece una gran base de confianza, seguridad y pertenencia... esos famosos y deseados ciclos cerrados. Cuando respondemos una y otra vez, y otra vez y otra vez a la medida de la angustia de nuestros hijos con algo tangible, algo que ellos comprenden, estamos mostrándoles compasión.

En medio de todo, creo que puedo identificarme con los discípulos en su angustia y temor. Dicho sea de paso, también puedo identificarme con mi pequeña hija. Son muchas las veces que yo le he dicho al Señor con palabras o acciones: «¡No me vas a dar lo que necesito! ¡Tengo miedo!». Los discípulos podrían haber pensado algo como: «Qué bueno que la razón es que te vas a prepararnos un lugar, eso suena como un bonito futuro, pero... ¡yo te prefiero aquí conmigo! ¿Cómo está eso? Somos tuyos, pero ¿te vas?». Jesús les responde: «Realmente no me voy... Aunque no me quedaré en esta misma forma». Jesús no solo estaba dejando a Sus seguidores con una promesa confiable y una imagen clara de qué esperar, sino que también estaba dejando un relevo que era más que suficiente y que los ayudaría (¡y ayuda!) a caminar como Él les había ordenado.

La «seguridad sentida» no es una táctica engañosa que busque entretener, distraer o encubrir para conseguir calma o paz temporal; más bien, se basa en la verdad de nuestro accionar para proveer seguridad y esperanza reales. Así afianzamos cada vez más la relación, la cual es aún más vital que la comida. Es como un adelanto que deja saborear lo que ya es nuestro. El Señor no solo nos deja con ilusiones o sentimientos agradables; Él está diciendo que va a dejar a Alguien.

DE Alguien, EN Alguien y CON Alguien

Hemos recordado que Dios Padre nos escogió en amor desde antes de la fundación del mundo por pura gracia, adoptándonos en Su Hijo, Jesucristo, quien al resucitar prometió no dejarnos. Somos de Alguien porque estamos en Alguien y vamos por siempre con Alguien.

Como lo expresa Pablo en el libro a los efesios, al oír el evangelio y creerlo, somos sellados de forma misteriosa y amorosa con Su mismo Espíritu (Ef. 1:13).

Busca en tu Biblia 2 Corintios 1:21-22 (NVI) y completa:

«Dios es el que nos mantiene firmes _____, tanto a nosotros como a ustedes. Él nos ungió, nos _____ como propiedad suya y puso su _____ en nuestro corazón como garantía de sus promesas».

En el mundo antiguo, un sello era utilizado para identificar, proteger y apartar algo propio. Este texto es trinitario y captura los dos sentidos de la palabra griega *arrabón*, igual que en 2 Corintios 5:5. Es un término comercial que posee dos significados: (1) un juramento o garantía que difiere del pago final, pero que lo hace obligatorio; (2) el primer pago de una compra, un enganche o depósito que requiere más pagos.[23]

El Señor prometió que no nos dejaría, y la certeza de que eso es verdad no proviene de sensaciones subjetivas o sentimientos. ¡Qué crueldad es hacer creer a la gente que la prueba de estar sellados con el Espíritu Santo son un montón de manifestaciones raras y no un carácter transformado! ¡Qué pobreza limitarnos a aceptar menos de lo que la Biblia ha revelado! ¡Qué artimaña del diablo decir que Su santo Espíritu nos sirve para encontrar buenas ofertas!

Edwin comparte en su testimonio que durante su adolescencia comenzó a tener una lucha, no tanto con las personas de su

---

[23] Murray J. Harris, *NIV Zondervan Study Bible*, Zondervan (2015). Pág. 2367.

familia de origen o del orfanato, sino con Dios (un excelente recordatorio para los que estamos criando: en el fondo, nuestros niños realmente no pelean con nosotros). Él recuerda claramente una ocasión en la que le reclamó: «¿Por qué yo?». Y ha sido de las pocas veces en las que pudo escuchar una voz que le respondió: *¿Por qué no?* Lo sorprendente fue que esto no lo ofendió, sino que lo «calibró» y lo acercó al Dios con el que luchaba. Esto hace que valga la pena escuchar un testimonio.

He aprendido a dar un pasito cauteloso para atrás cuando alguien relata cómo Dios se parece más al hada madrina de Cenicienta que a un Dios vivo, soberano y santo que está mucho más allá de nuestras ideas. El Espíritu de Dios se hace evidente porque nos guía a la verdad, aunque nos duela, porque Su interés es transformarnos y consolarnos profundamente, y eso es imposible de alcanzar con mentiras.

David Guzik enumera cómo la Escritura revela que el Espíritu Santo nos conduce:

- Somos conducidos por medio de consejo.
- Somos conducidos por medio del acercamiento.
- Somos conducidos por autoridad.
- Somos conducidos mientras cooperamos con el que dirige.

Toda la lista nos está describiendo una RELACIÓN, iniciada

por el Padre, hecha posible por el Hijo y sostenida únicamente por el Espíritu. Lo único necesario de nuestro lado es abrir las manos con humildad y aceptar nuestra condición de... (te toca completar esa oración).

Tenemos un buen Padre al entablar una relación personal. A la vez, el Dios del cielo es Creador y Dueño de todo, pero no se limita a manejar Sus asuntos a la distancia, como algunos inversionistas de grandes corporaciones. Herminia Mayorga es una de las más grandes bendiciones en mi vida actualmente. Vino a vivir con nosotros hace un par de años y solo digamos que si ella no estuviera, no habría libros ni conferencias, porque me ayuda en todo lo referente a la casa. ¡Soy muy dichosa!

Una de las riquezas de tener a Hermi con nosotros es sus historias. Es muy probable que nunca llegue a darse cuenta de la gracia común desbordante que Dios provee para mí a través de sus relatos... siento que me traslado a su aldea cada vez que le pregunto: «¿Cómo está su hermano (o hija, nietos, etc.)?». Recientemente, uno de sus hermanos —y el resto de la aldea— vivió el cierre de una melonera que operaba y daba cientos (si no miles) de empleos en el lugar. Ella misma trabajó allí en algún momento vendiendo almuerzos para los empleados. Resulta que el dueño original era un señor estadounidense que falleció, y cuando sus hijos heredaron las múltiples empresas, sin haber vivido ni visto lo que el papá había establecido, ni siquiera decidieron tomarse la molestia de ir a visitar o conocer lo que significaba en la vida real cada papel que tenían sobre la mesa. Ellos vieron números y decidieron de forma pragmática: cerremos la melonera en ese rincón que no significa nada para nosotros.

Dios no es así. Siendo Dueño de todo, conoce a cada uno por nombre y se interesa en cada historia. Es cálido, se sienta cada noche a la orilla de tu cama para escucharte con toda la atención.

La evidencia de que alguien ha nacido de nuevo, ha sido sellado y está caminando en una verdadera relación con Dios radica en que lucha más fuerte que antes con su carne, con su idea simplista de quién es Dios y, por supuesto, que desea ser cada vez más como Jesús. Esa persona está siendo gentilmente encaminada por un nuevo Papá, hacia un nuevo destino, y de forma lenta pero segura, el fruto del Espíritu se empieza a saborear en su vida.

En cambio, el fruto del Espíritu es amor, alegría, paz, paciencia, amabilidad, bondad, fidelidad, humildad y dominio propio. No hay ley que condene estas cosas (Gál. 5:22-23).

¿Hacia dónde nos dirige el Espíritu Santo cuando nos guía a la verdad?

- *Al arrepentimiento.*
- *A pensar menos en nosotros y mucho en Jesús.*
- *A la verdad.*
- *Al amor.*
- *A la santidad.*
- *Al servicio.*

El fruto del Espíritu durará para siempre y es lo que debemos desear más que a cualquier otra cosa en la vida. ¡Todo lo demás pasará! Ser transformados a la imagen del Hijo por medio del Espíritu es mejor que cualquier tesoro en este mundo. ¡Muchísimo mejor! Por eso al principio me atreví a decir que enseñar mal acerca de quién es el Espíritu Santo es diabólico y nos lleva al desastre, porque nos centra en cosas que, de cualquier modo, perderemos el día que muramos. Si esto aún te suena drástico, mira lo que Jesús le dijo a Pedro cuando intentó disuadirlo de cumplir con el propósito de su vida (entregarse para el perdón de nuestros pecados):

Desde entonces comenzó Jesús a advertir a sus discípulos que tenía que ir a Jerusalén y sufrir muchas cosas a manos de los ancianos, de los jefes de los sacerdotes y de los maestros de la ley, y que era necesario que lo mataran y que al tercer día resucitara. Pedro lo llevó aparte y comenzó a reprenderlo: —¡De ninguna manera, Señor! ¡Esto no te sucederá jamás!

Jesús se volvió y le dijo a Pedro: —¡Aléjate

de mí, Satanás! Quieres hacerme tropezar; no

piensas en las cosas de Dios, sino en las de los

hombres (Mateo 16:21-23).

Sumirnos en pensamientos meramente humanos y alejarnos de los propósitos soberanos de Dios es obra de Satanás. Por el contrario, todo el trabajo del Espíritu de Dios apunta a una transformación profunda y *eterna* a través de fijar la atención en Cristo, Sus palabras y Su obra. Eso es lo que hace posible que lleguemos a la meta menos parecidos a lo que hoy somos y más parecidos a Jesús. Más adelante, veremos cómo el Espíritu es quien hace posible que caminemos como hijos que imitan al Padre.

Recibiremos poder: el poder llamarlo «Papá»

Porque todos los que son guiados por el Espíritu de Dios son hijos de Dios. Y ustedes no recibieron un espíritu que de nuevo los esclavice al miedo, sino el Espíritu que los adopta como hijos y les permite clamar: «¡Abba! ¡Padre!» El Espíritu mismo le asegura a nuestro espíritu que somos hijos de Dios (Rom. 8:14-16).

Por fin había llegado el día de traerla. Era nuestra. Después del torbellino emocional del proceso y de ese mismo día de «entrega», ya estábamos en casa. Le dimos el tour de bienvenida, le mostramos su cuarto, sus cosas. Puse por primera vez la mesa para seis y partimos el pan. Momentos aparentemente pequeños, pero que no caben en el corazón. Después de recoger la mesa, dejamos a los cuatro niños solos, en su primer día oficial como hermanos, para que disfrutaran una película (cosa que solo pasaba los sábados en el orfanato) o decidieran algo para jugar. Alex y yo cerramos la puerta de nuestra habitación, pero estábamos emocionadamente pendientes. Después de un momento, oímos la voz de Evy, la recién llegada...

«¡Papaaá! ¡Papaaá!».

De inmediato, Alex respondió abriendo la puerta y preguntando qué pasaba, y ella contestó: «Nada. Solo quería saber lo que se siente».

Momentos como esos reconfiguran el alma. Llamar a papá es un privilegio que a menudo no se valora cuando se tiene, y que la adopción hace atesorar. Vivir esos momentos pequeños —y al mismo tiempo, monumentales— al hacernos padres de alguien que no porta nuestra sangre, hace aterrizar en el corazón palabras como las de Gálatas 4:6: «Ustedes ya son hijos. Dios ha enviado a nuestros corazones el Espíritu de su Hijo, que clama: "¡Abba! ¡Padre!"» (haciendo eco de Romanos 8).

Ella esperaba que viniéramos. Todo un año guardaba la esperanza. Cuando emprendimos el proceso para adoptar a Darly Alejandra no imaginamos que realmente se trataba de una partida doble. Después de ser declarados «idóneos» por el Consejo Nacional de Adopciones de Guatemala, pasamos a la espera de ser «emparejados» con una niña que encajara en el perfil que habíamos provisto.

Después de unos meses, recibimos la llamada tan esperada. Hicimos la cita para la presentación documental, que básicamente consiste en llegar a una oficina donde tienen tu futuro sostenido dentro de una pequeña carpeta. El corazón late a mil y, por fin, después de hacer como que uno escucha la breve introducción protocolaria, abren la carpeta y ves con tus ojos un rostro que no sabías que debías memorizar. Una pequeña extraña que Dios ya conocía. Te dejan a solas unos minutos y luego declaras si deseas continuar con el proceso de conocerse o no… nada que ver con las películas. Nosotros dijimos que sí.

Una de las evidencias más claras de la dirección y la guía de Dios en todo este gran paso fue ver el liderazgo de Alex. Una de mis oraciones había sido que, si era para nosotros esto de adoptar, sería Alex quien dirigiría el proceso. Y así fue. Mi tendencia natural de convencer y empujar se tornó en una silenciosa espera. La tendencia natural de mi esposo de calcular y estudiar las probabilidades se tornó en un inmenso SÍ a pesar de los enormes «riesgos».

Cuando llegamos a la casa y le dimos la noticia a Ana Isabel y Juan Marcos, nos abrazamos y oramos agradecidos. Sin duda, uno de los momentos más felices de nuestra historia. El proceso de conocernos se dio a través de una serie de visitas que se maneja diferente dependiendo de la situación y edad del niño. Era algo demasiado gigante para una nena tan pequeña (tenía seis años y medio), y debía llevarse a cabo de la manera más gradual posible. Le dijeron que iba a faltar al colegio porque tenía «visitas». Nosotros dos estábamos nerviosos como si estuviéramos yendo a una cita a ciegas. Yo preparé unos pastelitos, turrón de colores, decoraciones de repostería y empaqué unos libros. Aunque fui con mis tenis de siempre, fui al salón de belleza y me teñí las raíces (sí, heredé de mi papá las canas y las alergias, entre otras cosas más encantadoras). Después de todo, no quería que la pobre criatura se espantara. Con el tiempo, dejé de teñirme y hoy transito por la vida de cabello gris... supongo que es una especie de metáfora.

Llegamos y nos fue «bien». Es difícil contener tantas emociones mientras se trata de actuar de forma civilizada. El mundo de esta pequeña estaba cambiando radicalmente y ¡aún no era prudente decírselo! Ella fue amable, decoramos los pastelitos juntas e intercambiamos algunas preguntas… aunque ahora que nos conocemos, puedo decir que estaba muy nerviosa la pobrecita: se aferraba a la mano del profesor del orfanato y se escondía detrás de la puerta.

Después de conocernos Alex, Darly y yo, tocaba introducir a los hermanos a la mezcla familiar. Llegó el domingo y arribamos con un montón de comida y juegos, porque sabíamos que ese día estarían los 20 niños con los que Darly vivía. Ese día, conocimos a Evelyn. Durante toda la visita, estuvo a mi lado y aunque en los orfanatos es muy común oír «te quiero» (o cualquiera de sus variaciones) demasiado pronto, de este grupo no lo escuchábamos, aún… Después de pasar el día juntos en el enorme jardín, comiendo, jugando y conversando, había llegado el momento de la despedida.

Yo llevaba a Darly en brazos y caminaba hacia el edificio para dejarla, Alex venía detrás de mí y percibí, como de reojo, que Evelyn caminaba detrás de él. De repente oí su vocecita decir: «Yo también quiero ser su hija». Como un relámpago que caía del cielo para anunciar tormenta, supe en ese instante que a Alex se le había dado vuelta el corazón y que no se trataba de una, sino de dos adopciones. Pero en este punto del partido, había aprendido a callarme y esperar, así que no abrí la boca ni volteé a ver, pero lo supe.

Dijimos adiós a nuestros nuevos amigos y a nuestra Darly Alejandra, que aún debía esperar unos cuantos días más para estar con nosotros, y nos subimos al auto. Antes de que Alex cerrara la puerta, se volteó a mirarme y me dijo: «¿Viste a Evelyn?». «Sí —respondí—. ¿Quieres que pregunte por ella?». Y me dijo: «Sí...». Como dice mi suegra: «Ese arroz se coció».

Apenas si habían cerrado el portón detrás de nosotros y recién empezábamos a avanzar por ese caminito polvoriento, pero ya nos habíamos convertido en una familia de seis.

En nuestro país, al momento de esta publicación, no se puede escoger al niño ni se puede adoptar a un menor con quien se haya tenido una relación previa (lo sé, es una locura). Estas prohibiciones son producto de los miles de casos trágicos de trata de personas y demás delitos asociados con las adopciones en el pasado reciente. Por eso, no era tan simple como ir y pedirla.

Sin embargo, con el tiempo, nos habíamos familiarizado con las leyes y reglamentos, y llegamos a saber que dado que Darly y Evy habían crecido en el mismo orfanato, eran «hermanas de crianza», y eso favorecía su adopción por una misma familia.

Evy también ya había cumplido nueve años, y eso en Latinoamérica es equivalente a llevar un rótulo de «inadoptable». Es horrible ponerlo en papel, pero no había una sola familia guatemalteca en la lista para adoptar a nadie de esa edad para el 2014.

Me agota el solo recordar todo lo que pasó en los meses siguientes y cómo, de todas maneras, procedimos con la adopción de Evelyn. Sorteamos todos los aros con fuego que nos pusieron delante y, por fin, nos declararon «idóneos» una segunda vez. Pudimos ir con ella y ser sus «visitas» un año después de conocerla. ¡Mi niña estaba tan emocionada! Una vez más, llevamos una canasta con comida, algunas actividades planeadas y más urgencia de la que sentimos la primera vez.

Comenzamos a hablar y, cuando noté que Alex estaba por darle la noticia, comencé a grabar un video. «Hemos estado pidiendo a Dios otra hija y Él nos ha permitido que te adoptemos. Así que yo soy tu nuevo papá y ella —señalándome— es tu nueva mamá». Ella, con una sonrisa radiante, solo respondió: «¿Nos vamos ya?».

Notamos de inmediato que cada historia de adopción es única, aun si comparte rasgos en común, y confirmamos lo que nos habían dicho: que esta niña anhelaba tener una familia y guardaba una esperanza. Ese mismo día, nos comenzó a contar que, con una de sus compañeras, habían hablado de este asunto de las «visitas», y llegado a la conclusión de que debía tratarse de adopción, por lo que ellos habían visto antes, y ella esperaba que nosotros la adoptáramos.

Yo solo puedo calmar mi alma y sus mil preguntas —*¿por qué* *tardamos tanto?*— aferrándome a la soberanía divina. Mientras los adultos dudamos, damos vueltas y nos ponemos trabas, hay niños que están en el limbo dudando de su valor, y unos pocos, como Evy, aún se mantienen guardando la esperanza.

En ese mismo momento, le preguntó a Alex si podía decirle «papá». Estoy casi segura de que nuestra niña dijo muchas veces antes a muchas otras personas: «Yo también quiero ser su hija», porque estaba sedienta de sentirse amada. No es raro ver desfilar grupos de iglesias locales y extranjeras que llegan cargados de regalos cuando visitan instituciones como esa. Las muestras de afecto desmedido o instantáneo de parte de los niños se denomina «apego indiscriminado» y sucede cuando no hay apego con un adulto seguro. Ellos van mendigando afecto con quien esté disponible. Estamos diseñados para buscar agua que apague nuestros fuegos, pero sin luz, iremos a las fuentes equivocadas.

Lo determinante en nuestro caso fue que, por fin, esas palabras aterrizaron donde debían. «Quiero ser tu hija» hizo eco en nuestro corazón, el cual había empezado a ser preparado para estirarse. Al fin había llegado el que la haría hija y así, ella podría pronunciar la palabra «papá» con significado. Quizás muchas veces antes dijo «papá» sin tener el derecho de hacerlo. Cuando Cristo se revela a nosotros, es el Espíritu de Dios Padre quien nos baña de poder para exclamar: «¡Abba... yo también quiero ser tu hija!».

La palabra aramea Abba se traduce «Papá», y se usaba a menudo en la intimidad de la familia. Jesús se refirió a Dios con esta misma palabra (Marcos 14:36), y los creyentes adoptados en la familia de Dios disfrutamos del mismo tipo de relación intima con Él;[24] esto es, solo cuando el Espíritu nos convence primero de que somos huérfanos, tendremos la capacidad de clamar pidiendo auxilio.

Pues no habéis recibido un espíritu de esclavitud para volver otra vez al temor, sino que habéis recibido un espíritu de adopción como hijos, por el cual clamamos: ¡Abba, Padre! (Rom. 8:15). Carlos Spurgeon explicó así este pasaje:

¡Ah, qué bendito estado el de nuestro corazón cuando siente que ahora hemos nacido en la familia de Dios y que ahora somos capaces de pronunciar esa palabra especial que ningún esclavo podía pronunciar: «Abba»! Es la palabra de un niño, como cuando un pequeño comienza a balbucear [...]. ¡Ah, si tan solo tuviera el espíritu de un niño para que sea cual sea el estado de mi corazón, aun

---

[24] *NIV Zondervan Study Bible*, Douglas J. Moo, pág. 2306

pueda decir con el acento de la infancia espiritual: «¡Abba, Padre!». ¿Qué mejor testimonio podemos tener que el de estos dos testigos? Primero, nuestro propio espíritu, y luego, el testimonio del Espíritu Santo mismo. [...] Esta es una paternidad que se refiere solo a quienes son espirituales. Somos hijos por el nuevo nacimiento y pertenecemos a la familia de Dios por un acto de gracia divina, mediante la adopción.[25]

Ya viene nuestro lunes

Era su última noche en el hogar de niños, y la mañana parecía no llegar jamás. Porque no nació para dormir en ese lugar donde se tapaba con sábanas prestadas y donde nadie compartía su nombre. Nadie nació para no pertenecerle a alguien más grande.

Su alma estaba segura de eso y cuando llamamos, contestó. Lo hizo porque su corazón ya no estaba en ese lugar; estaba con nosotros. De ser residente pasó a ser peregrina y extranjera en el orfanato. Contestó porque ya no pertenecía allí. Contestó feliz, pero lloró. Y dijo suplicando: «Vengan ya. Ya no quiero estar aquí».

Algo pasa cuando un hijo habla esas palabras al teléfono. Los ojos de Alex y los míos se encontraron y aunque no dijimos nada,

---

[25] *Biblia de estudio C. H. Spurgeon*, Holman Bible Publishers (2019), pág. 1398

saboreamos sus lágrimas en nuestras propias gargantas. Se nos rompió el corazón, aun sabiendo que todo estaba en orden para ir a buscarla y así empezar su nuevo «para siempre».

Esa noche fue eterna. Lo único que mis brazos querían era tomarla, salir corriendo y no soltarla jamás. Mi necesidad de madre era iniciar el proceso de sanidad tan pronto como el reloj lo permitiera. Sus lágrimas me obligaban.

Pero hay quienes no lloran. No quieren la llamada, la visita, la entrega a un nuevo destino o un nuevo nombre. Dicen que los dejen en paz porque el orfanato y los que allí viven y trabajan son su familia. Generalmente, los que llegan a esas conclusiones son los niños «grandes». Porque eso es su normalidad. Prefieren no ser hijos, porque piensan que ya lo son. El sistema los ha atrapado y finalmente han abrazado al sistema. Mueren lentamente, aun sin darse cuenta.

Se parecen a algunos «cristianos» que conozco y que cada vez entiendo menos: que celebran que Jesús nació, pero que jamás piensan que va a regresar. Y me cuesta aún más entender que no añoren esos brazos santos para que empiece ese perfecto «para siempre». Se sienten insultados por el mensaje que los presenta como huérfanos y desvalidos y a Él como el que viene a salvar.

El Padre llama. Si somos Suyos, por el trabajo de Su Espíritu en nosotros, admitimos nuestra condición caída y contestamos el teléfono llorando, anhelando que venga a buscarnos porque nos tapamos con sábanas prestadas en este mundo que no es nuestro hogar. Y su calor no es suficiente.

Nuestra fobia al sonido de la trompeta que anunciará Su retorno es síntoma de que nuestro corazón está invadido por el sistema de este orfanato llamado mundo, y de que hemos llegado a razonar que no necesitamos Padre, que esto es lo normal, que podemos vivir bien sin Él, a nuestra manera, porque nuestra mejor vida es aquí y ahora. Jamás alguien así recibirá la llamada del Padre con gozo desesperado, y menos anhelará Su regreso. Jamás descansará en recibir el regalo de un nuevo nombre, uno que garantiza que pertenecemos a Alguien más grande. Sentirnos demasiado a gusto en este mundo nos imposibilita llorar y gozarnos por Su regreso.

Fuimos a buscar a Evelyn un lunes. Se lo prometimos y lo hicimos. ¿Cuándo vendrá Él? No lo sé. Pero si nosotros regresamos por nuestra niña, no me cabe la menor duda de que Él, quien es perfectamente fiel, vendrá.

Cuando recuerdo esa última noche de nuestra hija en el orfanato, puedo comprender mejor lo que Pablo escribe en la carta a los romanos:

De hecho, considero que en nada se comparan los sufrimientos actuales con la gloria que habrá de revelarse en nosotros. La creación aguarda con ansiedad la revelación de los hijos de Dios, porque fue sometida a la frustración. Esto no sucedió por su propia voluntad, sino por la del que así lo dispuso. Pero queda la firme esperanza de que la creación misma ha de ser liberada de la corrupción que la esclaviza, para así alcanzar la gloriosa libertad de los hijos de Dios. Sabemos que toda la creación todavía gime a una, como si tuviera dolores de parto. Y no solo ella, sino también nosotros mismos, que tenemos las primicias del Espíritu, gemimos interiormente, mientras aguardamos nuestra adopción como hijos, es decir, la redención de nuestro cuerpo (Rom. 8:18-23).

Así como nuestra hija vivió esa ultima noche en el orfanato como exhuérfana, los verdaderos hijos de Dios sentimos lo mismo mientras transitamos en este mundo caído. Sentimos un creciente deseo de ser redimidos por completo y ser capaces de adorarlo sin el estorbo de nuestra debilidad presente, con miras a Su regreso para ver y gozar el establecimiento de Su reino eterno. ¡Queremos que llegue nuestro lunes! ¡Queremos ir a casa!

Los peces fueron hechos para el agua, los árboles para echar raíces, y los hijos de Dios para los brazos de su Padre. Mientras llega ese glorioso día, caminamos sellados, mientras somos transformados por el mismo Espíritu que sacó a nuestro Cristo de la tumba. Esa es nuestra esperanza: que por el poder que nos adoptó, veremos revertirse todos los finales tristes. Vivir por el poder del Espíritu hace posible soportar la espera, por dura que sea:

Pero el Consolador, el Espíritu Santo, a quien el Padre enviará en mi nombre, les enseñará todas las cosas y les hará recordar todo lo que les he dicho. La paz les dejo; mi paz les doy. Yo no se la doy a ustedes como la da el mundo. No se angustien ni se acobarden (Juan 14:26-27).

Al leer ese par de versículos, no puedo dejar de sentir una nueva oleada de alivio para lo que sea que esté atravesando en el día. Me enternece leer esto:

James Barrie fue el hombre que escribió Peter Pan, entre otras obras. Uno de sus libros fue sobre su madre, Margaret Ogilvy, y cómo creció en Escocia. Su madre soportó mucha miseria en su vida, incluyendo la trágica muerte de uno de sus hijos. Según Morrison, Barrie escribió que el capítulo de la Biblia favorito de su madre era Juan 14. Lo leía tanto que cuando su Biblia estaba abierta, las páginas naturalmente se abrían en ese lugar. Barrie dijo que cuando era más vieja y ya no podía leer estas palabras, se inclinaba hacia su Biblia y besaba la página donde las palabras estaban impresas.[26]

---

[26] Guzik, *Enduring Word*. https://enduringword.com/comentario-bibli-co/juan-14/

Nuestra paz no puede provenir de una promesa vacía y sin poder. Tampoco puede provenir de nosotros mismos o de nuestra fuerza de voluntad. Nuestra paz debe provenir de que Dios hecho carne y hueso se entregó en obediencia al Padre y, al resucitar, nos dejó al Espíritu Santo para empoderarnos con una visión amplia de quién es Él, cómo obra y para qué fuimos salvados. Solo hay paz en amarlo y conocerlo, y eso puede suceder solamente por Su poder.

Nuestra herencia espera

Nadie se enoja si recibe una notificación diciendo que necesita presentarse porque le han dejado una herencia. De seguro nos pondríamos ropa bonita y haríamos lo que fuera para llegar con puntualidad a la cita. Si regresamos a Romanos 8, leeremos que inmediatamente después de recibir el Espíritu que nos adopta como hijos (vv. 15-16) se nos dice que, como tales, somos también... ¡herederos!

> *Y, si somos hijos, somos herederos; herederos*
> *de Dios y coherederos con Cristo, pues, si*
> *ahora sufrimos con él, también tendremos*
> *parte con él en su gloria*
> (Rom. 8:17).

Una vez más, Pedro, después de resumir toda nuestra historia de adopción, nos declara que el propósito de todo es que tengamos esperanza viva y recibamos una herencia inigualable:

¡Alabado sea Dios, Padre de nuestro Señor

Jesucristo! Por su gran misericordia, nos

ha hecho nacer de nuevo mediante la

resurrección de Jesucristo, para que tengamos

una esperanza viva y recibamos una herencia

indestructible, incontaminada e inmarchitable.

Tal herencia está reservada en el cielo para

ustedes, a quienes el poder de Dios protege

mediante la fe hasta que llegue la salvación

que se ha de revelar en los últimos tiempos

(1 Ped. 1:3-5).

La herencia que está preparada para quienes fuimos adoptados por el Dios de los cielos no se parece en nada a las herencias de este mundo. De hecho, Pablo saluda con las siguientes palabras en la carta a los efesios: «Alabado sea Dios, Padre de nuestro Señor Jesucristo, que nos ha bendecido en las regiones celestiales con toda bendición espiritual en Cristo» (Ef. 1:3). La bendición (herencia) es espiritual, por eso es INDESTRUCTIBLE (permanente, eterna, fija, inmune, invicta), INCONTAMINADA (pura, limpia, clara), e INMARCHITABLE (perenne, perpetua).

Tengo que recalcar una vez más que es diabólico tergiversar la obra del Espíritu Santo. No se puede enseñar que el objetivo de recibir el poder del Espíritu Santo es para saciar necesidades temporales, deseos egoístas o desplegar un espectáculo religioso. Esto lo digo porque el diablo es el más interesado en minimizar el carácter amoroso, santo y poderoso del Dios de la Biblia. Una de sus estrategias favoritas es distraernos con las ilusiones vanas que guardamos en nuestro propio y engañoso corazón.

Todo lo que pudiéramos obtener de este lado de la eternidad para mejorar nuestra vida es demasiado poco comparado con lo que el poder del Espíritu realmente puede y desea hacer. Todo lo que deseamos desde nuestra naturaleza caída es destructible, contaminado y se marchita. Todo lo contrario es la herencia que Él prepara para Sus hijos. Una y otra vez leemos el contraste entre las cualidades de Dios y las cualidades del ser humano: Él es eterno y lo que nos prepara tiene la misma dimensión. Su divinidad está completamente asociada con Su eternidad. Nuestra gloria es escondernos en Él, porque Él nunca pasa.

El ser un hijo de Dios también significa tener una herencia. En Lucas 18:18 el hombre principal le preguntó a Jesús: *¿Qué haré para heredar?* Pero el hombre principal perdió de vista el punto porque la herencia no es cuestión de hacer, es una cuestión de ser: el estar en la familia correcta.[27]

Es increíble leer la Palabra de Dios cuando declara: «Tal herencia está reservada en el cielo para ustedes» (1 Ped. 1:4).

Es decir, después de todo lo que costó nuestro perdón y total absolución, este Padre nos inunda de amor y nos rebalsa al adoptarnos y al decirnos que además nos tiene herencia... ¡La porción que solamente le correspondía a nuestro Hermano mayor! ¡Cuánta gracia y cuánta misericordia!

Lo que nos termina de asombrar es que esta herencia, que tiene una magnitud y calidad inigualables, fue ganada para nosotros y nos espera sin que haya forma de que la perdamos. Solamente la recibimos. No la ganamos.

En páginas anteriores, les conté que lloro en los *baby showers*... y debo continuar explicándoles la razón por la que los valoro muchísimo más ahora. Se trata de una fiesta para dejar plasmado en la historia que una familia estaba feliz por la llegada de otro integrante antes de que ese integrante pudiera hacer algo para ganarse ese amor. Me encanta el recibimiento cálido de una persona pequeña que trae más demandas que aportes y que jamás podrá amar, a menos que lo amen así: locamente, gratis y para siempre. Un papá me dijo una vez: «¡Es que no entiendo

---

[27] Guzik, *Enduring Word*. https://enduringword.com/comentario-biblico/romanos-8/

el concepto! ¿Haces una fiesta para un niño que no ha llegado aún?», y se reía... Sí. Porque algún día, sabrá que así se le ha amado, no según su desempeño, sino porque nos pertenecemos.

La herencia indestructible, incontaminada e inmarchitable, es que podemos acercarnos al Padre como Jesús mismo lo hace: con libertad y aceptación completas. En Cristo, solo en Cristo Jesús, sellados por Su mismo Espíritu y para siempre.

Los hijos del Rey que trabaja

Quizás uno de los pasajes más conocidos (y abusados) acerca del Espíritu Santo es el del famoso «aposento alto», donde se cumple la promesa que Jesús hizo en Juan 14 y en Hechos 1:5: «Pero, cuando venga el Espíritu Santo sobre ustedes, recibirán poder y serán mis testigos tanto en Jerusalén como en toda Judea y Samaria, y hasta los confines de la tierra» (Hech. 1:8).

Hoy en día, no es inusual oír llamar a los cristianos con títulos como «hijos del Rey», «princesas del Señor» o «ungido de Jehová». Lo que sí es súper inusual es oír que fuimos ungidos precisamente para ser capaces de ser testigos al ir y SERVIR de una manera sobrenatural, que nada tiene que ver con manifestaciones escandalosas, sino con una fidelidad gozosa que no busca gloria propia; algo que, desde el punto de vista humano, es imposible. Haber sido «sellados» es haber sido marcados por Dios para ser utilizados, sea cual sea nuestro oficio. El mundo necesita hijos marcados por el Espíritu, ya sea sirviendo platos de comida, lustrando zapatos, formando parte de juntas directivas, trabajando en palacios de gobierno, en clases de niños, en laboratorios, en hospitales, en graneros... porque la verdad es que éramos como la gente perdida que se encuentra en todos esos lugares; teníamos corazones huérfanos y ciegos, pero el amor que recibimos de forma gratuita y la esperanza de la herencia que nos espera, que es Cristo mismo, nos impulsan exactamente hacia ellos.

Otro punto importante que debemos considerar es que, en el aposento alto, cuando finalmente los primeros cristianos «recibieron poder», estaban siendo promovidos a mártires. No se trató de un asunto emocional para enviarlos con «buenas vibras» o «pensamientos positivos que sacaban el campeón interno», sino que era una graduación que los entregaba a un mundo hostil que no quería el mensaje del Padre que los estaba adoptando.

Si hubieran sido enviados a sus misiones sin una fuerza superior, sin estar acompañados de Alguien más fuerte que el mundo, de seguro habrían desistido al día siguiente, o aun a las pocas horas de recibida la encomienda. Iban a ser testigos a lugares donde no serían bienvenidos con palmas, y la oposición sería absoluta.

Por eso necesitábamos Pentecostés. Porque no hay suficientes recursos en nosotros mismos, en nuestra humanidad o nuestras intenciones. Solamente Su poder haría posible que volviéramos a nacer y que, al hacerlo, tuviéramos un nuevo propósito. Solamente bajo el dominio del Espíritu del Dios vivo podríamos hacer las proezas que nuestro Cristo hizo: trabajar dando nuestra vida y, al hacerlo, anunciar al mundo que consideramos que morir es ganancia.

Anota y medita

Lee esta petición de Pablo:

Pido que el Dios de nuestro Señor Jesucristo, el Padre glorioso, les dé el Espíritu de sabiduría y de revelación, para que lo conozcan mejor. Pido también que les sean iluminados los ojos del corazón para que sepan a qué esperanza él los ha llamado, cuál es la riqueza de su gloriosa herencia entre los santos, y cuán incomparable es la grandeza de su poder a favor de los que creemos... (Ef. 1:17-19a).

¿Qué quiere Pablo que el Padre les dé? (vv.17-18)

Subraya en el versículo las palabras «para que».

Escribe ¿para qué pide Pablo que les dé el Espíritu de sabiduría y revelación y que sean iluminados los ojos del corazón?

Continuemos leyendo la oración de Pablo:

… Ese poder es la fuerza grandiosa y eficaz que Dios ejerció en Cristo cuando lo resucitó de entre los muertos y lo sentó a su derecha en las regiones celestiales, muy por encima de todo gobierno y autoridad, poder y dominio, y de cualquier otro nombre que se invoque, no solo en este mundo, sino también en el venidero (Ef. 1:19b-21).

Oración

¡Gracias Padre, porque no es en mis fuerzas, sino en la misma fuerza grandiosa y eficaz que sacó a Jesús de la tumba! Gracias por no dejarnos huérfanos, desvalidos y ciegos, sino que enviaste tu Espíritu para guiarnos amorosamente a toda verdad, para vivir la alabanza de tu gloria y llamarte «¡Abba!», y correr hacia ti. En el nombre de Jesús, amén.

5

Persiguiendo corazones rebeldes:

el poder transformador del

amor inmerecido

Con respecto a la vida que antes llevaban, se les enseñó
que debían quitarse el ropaje de la vieja naturaleza, la
cual está corrompida por los deseos engañosos; [...] y
ponerse el ropaje de la nueva naturaleza, creada a imagen
de Dios, en verdadera justicia y santidad.

Efesios 4:22, 24

Convertirnos en lo que ya somos

Todas las familias que recibimos niños de orígenes difíciles, sufrimos y gozamos el proceso de la adaptación de unos con otros hasta convertirnos en lo que dijimos que éramos desde el inicio: una familia. Adoptar es pelear por el amor de un pequeño que no llega a percibir todo con claridad, que muchas veces solo quiere los beneficios, o que incluso se opondrá al amor y se comportará como nuestro enemigo.

Jesús se mantuvo en la determinación de adoptarnos a sabiendas de nuestra absoluta maldad (como espero que ya hayas comprendido). En la vida diaria, poquito a poco, vamos dándonos cuenta de que las emociones no bastan —o que incluso son un estorbo— y que basar cualquier relación en ellas es construir una casa sobre la arena. Si lo pensamos con mayor detenimiento, todas las relaciones que Dios establece son de pacto; es decir, se basan en un compromiso firme de Su parte a nuestro favor, y no en circunstancias o sentimientos, sino que se fundamentan en la verdad.

En un blog escrito como contribución para *Bible Project* [Proyecto Biblia], la maestra bíblica Whitney Woollard escribe acerca de lo que es un pacto:

Es una relación o asociación en la que dos partes hacen promesas mutuamente y trabajan juntos para alcanzar una meta en común. A menudo están acompañadas de juramentos, símbolos y ceremonias. Los pactos contienen obligaciones definidas y compromisos, pero difieren de un contrato en que son relacionales y personales. Eran parte normal de lo que implicaba vivir en el antiguo Cercano Oriente. Tiene sentido que este Dios misericordioso se extendiera hacia los humanos para revelarse a sí mismo y trajera reconciliación a través de una estructura que ya entendían. ¡Qué estratégico![28]

Quizás conozcas Romanos 8:28 de memoria: «Ahora bien, sabemos que Dios dispone todas las cosas para el bien de quienes lo aman, los que han sido llamados de acuerdo con su propósito», o es más posible que hayas oído toda tu vida algo como: «Todas las cosas ayudan a bien», pero quizás nunca habías parado en el versículo que sigue (el 29):

Porque a los que Dios conoció de antemano, también los predestinó a ser transformados según la imagen de su Hijo, para que él sea el primogénito entre muchos hermanos.

«La *razón* para este plan está expresado en que Él sea el primogénito entre muchos hermanos. Dios nos ha adoptado en Su familia (Romanos 8:15) para el propósito de hacernos como Cristo Jesús, similares a Él en la perfección de Su humanidad».[29]

Y ¿cómo pasa esta impresionante transformación?

La justificación —el decreto de Dios mediante el cual un pecador es declarado justo por la obra de Cristo en la cruz— es nuestro cambio de estatus legal delante del Señor y es instantáneo;

---

[28] Bryan Chapell, *Unlimited Grace: The Heart Chemistry That Frees from Sin and Fuels the Christian Life.* Crossway, 2016, pág 34.
[29] Guzik, *Enduring Word.* https://enduringword.com/comentario-bibli-co/romanos-8/

mientras que la santificación —crecer espiritualmente a la imagen de Jesucristo— es un proceso que dura toda la vida, hasta el mismo día de nuestra muerte. Tenemos un estatus que, bajo la sangre perfecta del Cordero derramada por nosotros, nos califica como santos y aptos para relacionarnos con Él y servirlo. Pero no solo se trata de esa declaración, sino que ella es el punto de partida y fundamento de muchas otras cosas hermosas.

> *¡Fíjense qué gran amor nos ha dado el Padre,*
> *que se nos llame hijos de Dios! ¡Y lo somos!*
> *El mundo no nos conoce, precisamente porque*
> *no lo conoció a él. Queridos hermanos, ahora*
> *somos hijos de Dios, pero todavía no se ha*
> *manifestado lo que habremos de ser. Sabemos,*
> *sin embargo, que cuando Cristo venga seremos*
> *semejantes a él, porque lo veremos tal como él*
> *es. Todo el que tiene esta esperanza en Cristo*
> *se purifica a sí mismo, así como él es puro.*
> *Todo el que comete pecado quebranta la ley; de*
> *hecho, el pecado es transgresión de la ley. Pero*
> *ustedes saben que Jesucristo se manifestó para*
> *quitar nuestros pecados. Y él no tiene pecado.*
> *Todo el que permanece en él no practica el*

pecado. Todo el que practica el pecado no lo ha visto ni lo ha conocido. Queridos hijos, que nadie los engañe. El que practica la justicia es justo, así como él es justo. El que practica el pecado es del diablo, porque el diablo ha estado pecando desde el principio. El Hijo de Dios fue enviado precisamente para destruir las obras del diablo. Ninguno que haya nacido de Dios practica el pecado, porque la semilla de Dios permanece en él; no puede practicar el pecado, porque ha nacido de Dios. Así distinguimos entre los hijos de Dios y los hijos del diablo: el que no practica la justicia no es hijo de Dios; ni tampoco lo es el que no ama a su hermano (1 Jn. 3:1-10, énfasis añadido).

Warren Wiersbe anota en su libro *Genuinos en Cristo*: «Primera de Juan 3:1 nos dice lo que somos, y Primera de Juan 3:2 nos dice lo que seremos [...] el amor de Dios hacia nosotros no se detiene con el nuevo nacimiento. ¡Continúa a lo largo de toda nuestra vida y nos lleva directamente hasta el retorno de Jesucristo!».[30]

---

[30] Guzik, *Enduring Word*. https://enduringword.com/comentario-bibli-co/efesios-4/

Gracia en los fideos

Compré cuatro tazas iguales y les puse las iniciales de mis cuatro niños con marcador permanente abajo de cada una. Esto fue antes de que comenzáramos los trámites formales para adoptar a Evelyn, nuestra cuarta hija por llegar. Para decirlo de alguna manera, tuve cuatro hijos antes de que pudieran sentarse juntos en el desayunador. Abrir el gabinete y ver las cuatro tazas era un recordatorio físico —aunque pequeño— de lo que aún estaba en proceso.

Eran hijas en proceso de descubrirlo y lo seguirían descubriendo aun después de saberlo. Igual que yo en relación con mi Padre celestial. Dios tiene maneras preciosas de recordarnos nuestra filiación con Él usando gente, atardeceres, mariposas y... también fideos.

Una de las reglas en nuestra casa es que pueden comprar comida en la tienda del colegio solamente cuando les damos permiso.

Suele suceder que cuando alguno de mis cuatro hijos comete una fechoría, siempre hay otro que le hace de testigo y reportero. Muchas tardes, en la fila para recogerlos del colegio, me armo de valor para preguntar: «¿Cómo les fue hoy?». Porque la respuesta puede o no resultar en algún evento dramático, y el reportero de turno me pondrá al día. Por ejemplo: un día, uno de los pequeños López García envió a un amigo de un grado inferior a comprar una sopa ramen (con instrucciones de preparación, punto de entrega y todo).

Ahora bien, debo aclarar que he llegado a determinar claramente que estos asuntos no son producto del hambre o de que yo les mande comida indeseable como rabo o lengua. Se trata, por el contrario, de tramar un plan para obtener lo que se desea, pero sin depender o confiar en alguien más que uno mismo. He allí el delito.

Doy gracias al Señor porque al momento de recibir el «reporte», mis dos manos debían estar firmes en el volante y no tengo rayos láser en los ojos, como Superman, porque usando solo el retrovisor habría herido seriamente al culpable. El transgresor no solo había roto nuestra regla, sino que también había metido en problemas a un compañero, y dicho sea de paso... ¿de dónde rayos sacó el dinero?

Después de obtener una confesión forzada y mientras seguíamos camino a casa, llamé a la mamá del cómplice —que gracias a Dios es una querida hermana en Cristo— y le pedí que le explicara a su pequeño que agradecía sus servicios de entrega en mano, pero que no eran requeridos. Luego, mientras todavía tenía a mis cuatro hijos a bordo, aproveché la ocasión para que recordáramos que Dios dispuso hacernos venir como niños para necesitar papás a quienes recurrir con cada necesidad y deseo, que todo acto de desobediencia es realmente una declaración de desconfianza contra el Dios que cuida de nosotros, y que al pecar, realmente estamos diciendo que Él no sabe exactamente lo que necesitamos y por eso nosotros debemos arreglarlo por nuestra propia cuenta. Les recordé que ser descubiertos en el pecado es de lo mas dichoso que pudiera pasarles, que la pesadilla más horrible no es ser descubiertos, sino pasar una vida pensando que nos salimos con la nuestra y «progresar», pero hacia abajo, hasta parar con corazones de piedra y separados del Señor, ¡mientras pensamos que todo está bien!

Cada vez que nos encuentran pecando, Dios está teniendo misericordia de nuestra miserable existencia. Cada vez que alguno es expuesto, quiere decir que es un hijo amado con el cual el Padre está lidiando. El proceso no es fácil, pero es muy bondadoso y produce un fruto eterno, imperecedero e inmarchitable.

Bueno, ¿qué pasó esa noche? Después de regresar de la cita que teníamos —en el dentista o lo que fuera—, encontramos a Alex en la cocina, emocionado cocinando nada más y nada menos que... ¡sopa ramen! No de la barata que venden en la tienda del colegio, sino la mejor ramen coreana genuina. Resulta que mientras estábamos pasando por nuestro pequeño drama vespertino, al mismo tiempo, Alex iba a una cita y se perdió en el camino, por lo que aprovechó a entrar a una tienda coreana que le recordó sus años en el instituto bíblico y lo que comía con sus compañeros coreanos. Esa es la razón por la que regresó con toda una provisión de comida (con instrucciones inteligibles), ¡y entre esos productos estaban los fideos tan deseados!

Le serví una porción especialmente generosa al perpetrador del crimen de ese día. Al sentarnos a comer, le dije con una amplia sonrisa: «¿Viste? Mientras tú robabas, mentías y sentías miedo, ¡Dios tenía a tu papá "perdido" para que encontrara una tienda coreana y escogiera la sopa que querías ese mismo día!... ¡Él te conoce y te ama!».

Por este y miles de episodios más es que, cuando me preguntan: «¿Cómo estás?», JAMÁS podré responder: «aburrida». Podré responder escogiendo otros 552 calificativos más, menos ese, y sospecho que esto no se terminará, sino hasta que lleguemos a nuestro Hogar celestial con el Padre.

Todos los días están abiertos como un libro para Dios y nada en absoluto lo toma por sorpresa. Lo más hermoso es que, en cada uno de ellos, existen destellos de Su gracia y provisión para guiarnos a nosotros y a nuestros hijos. Algunos de esos destellos podrán pasar inadvertidos, pero hay días en los que es tan increíblemente evidente, donde nuestro Señor es extraordinariamente tierno para ayudarnos. Sin embargo, quisiera que te quede claro, ese pequeño episodio con final de serie televisiva tipo Full House no es como terminan el cien por ciento de las veces que mis hijos pecan. Es más, en un alto porcentaje de esas veces, yo peco porque pecaron... como anoche.

Me acosté con un dolor de cabeza horrible porque fue uno de esos días en los que todo parece estar mal. Mi respuesta a la rebeldía de uno de ellos fue vergonzosa, simplemente porque no reflejé el evangelio que afirmo amar. Lo que terminé haciendo fue limitarme a reflejar su propio descontrol. Hoy, de forma providencial, o diosidencial, me «topo» con una canción que dice:

Es que hoy estoy cansada, es que hoy me siento débil... ¿dónde puedo encontrar fuerzas para lo que viene? [...] Y tus brazos me recogen, en silencio me envuelven, son como mi gravedad...[31]

Finalmente, por fortuna, solté el llanto. Perseguir corazones rebeldes no se puede hacer en nuestras propias fuerzas. Solo se puede lograr en dependencia del Señor momento a momento. Como podrás notar, yo también me escapo y mando a comprar mis propios fideos ramen de baratija, porque olvido que tengo un Papá en la cocina preparando con amor los de verdad.

Legalmente hijos, lentamente hijos

Si el Espíritu Santo nos convenció de pecado y hemos aceptado que solo en Cristo podemos entrar en la presencia del Padre, entonces

---

[31] Camila Gallardo, *Ven*.

somos hijos, nuestro estatus legal fue completamente alterado. Como mi esposo repite con frecuencia: «Fuimos adoptados y ahora somos simplemente hijos. Cien por ciento hijos».

... ustedes estaban muertos en sus pecados.

Sin embargo, Dios nos dio vida en unión con
Cristo, al perdonarnos todos los pecados y
anular la deuda que teníamos pendiente por
los requisitos de la ley. Él anuló esa deuda que
nos era adversa, clavándola en la cruz
(Col. 2:13-14).

No estamos bregando para ver si nos dejan en la familia; esto no es una audición para probar nuestro talento o nuestra competencia. Lo que nos dice el Señor es que:

Todas las promesas que ha hecho Dios son
«sí» en Cristo. Así que por medio de Cristo
respondemos «amén» para la gloria de Dios.
Dios es el que nos mantiene firmes en Cristo,
tanto a nosotros como a ustedes. Él nos ungió,
nos selló como propiedad suya y puso su
Espíritu en nuestro corazón como garantía de
sus promesa (2 Cor. 1:20-22).

Si nos rendimos delante del Señor, somos ya hijos y estamos en camino a ser transformados a Su semejanza con cada nueva misericordia. Para poder entender cabalmente esta realidad, siempre me ayuda recordar el gran panorama del éxodo: el pueblo es liberado de la esclavitud en Egipto a pesar de su necedad. Luego que ya han salido, Dios les da los mandamientos. Primero los trae a su familia, les asegura su lugar y luego les explica cómo es que se conduce esa familia.

Lo mismo ocurre con la mujer sorprendida en adulterio, quien fue arrastrada delante de Jesús. Él le dice: «Mujer, ¿dónde están? ¿Ya nadie te condena?». «Nadie, Señor», responde ella. «Tampoco yo te condeno. Ahora vete, y no vuelvas a pecar» (Juan 8:10-11). Aquí hay un patrón que el Señor repite. Primero, celebra nuestra adopción y luego nos va moldeando el corazón con disciplina amorosa, para ir pareciéndonos cada día más a Él. Nos asegura: «Eres mío», y luego nos da los mandatos. Todo tiene como punto de partida Su amor y permanece sostenido por Su amor.

Brian Chapell, en su excelente libro *Unlimited Grace* [Gracia ilimitada] declara: «La santificación consiste en ser hechos puros para un propósito: expandir la santidad en nosotros y en otros. Dios nos hace puros para usarnos en el mundo que nos rodea».[32]

---

[32] Chapell, *Unlimited Grace*, pág. 30.

Confirmando esa realidad es que estamos siendo atraídos constantemente y transformados profundamente. Mientras caminamos con nuestro Padre, lo vamos conociendo y vamos deseando parecernos más a Él, y vamos odiando poco a poco nuestro pecado porque entendemos su esencia: creer que podemos gobernarnos y ser dioses.

Con la búsqueda del rostro y la voz del Señor, empezamos a odiar lo que nos aleja de Él, porque el trabajo del Espíritu Santo es hacernos capaces de reconocer que solo en Él somos quienes siempre debíamos haber sido y que no existe otra fuente de luz ni una fuera de nuestro Señor. Lo queremos, y ese ya es un milagro en sí mismo.

Un día, conversaba con mis mejores amigas y reparamos en cómo Dios nos ha llevado por un camino en el cual uno de los deleites más grandes de la vida es invertir en viajar a conferencias de mujeres, madrugar y correr para sentarnos en los mejores lugares para aprender Biblia. ¿Para aprender Biblia? ¡Si la gente con la que me gradué de la secundaria me viera!

El centro de convenciones de Indianápolis debe tener archivados algunos videos de seguridad donde salen diez guatemaltecas bullangueras corriendo cual gacelas, encabezadas por la más elegante (porque el glamur no le quita lo veloz), quien también protagoniza un relato de mi libro anterior, Lágrimas valientes, donde hablo de su pelea con el alcoholismo. Solo el Espíritu Santo que saca muertos de sus tumbas nos hace capaces de amar lo que antes odiábamos, y viceversa.

Ropa nueva

Más bien, al vivir la verdad con amor, creceremos hasta ser en todo como aquel que es la cabeza, es decir, Cristo. [...] Con respecto a la vida que antes llevaban, se les enseñó que debían quitarse el ropaje de la vieja naturaleza, la cual está corrompida por los deseos engañosos; ser renovados en la actitud de su mente; y ponerse el ropaje de la nueva naturaleza, creada a imagen de Dios, en verdadera justicia y santidad
(Ef. 4:15, 22-24).

El día que la conocieron, estaba acostada, mal envuelta en un trapo de color rojo. Rojo. Un color demasiado violento, como el inicio de su preciosa vida. Pero entraron por la puerta y, cuando él la vio, la amó. Es como si sus grandes manos de hombre hubieran sido hechas exactamente para ese momento, para usar toda su fuerza y al mismo tiempo, poder tomarla con cuidado y hablarle allí con un tono suavecito: «Ya llegamos, perdón por tardar. Nos vamos de aquí. Vas a estar bien».

Hay cosas que, aun sin que nos demos cuenta, quedan impregnadas en nuestras mentes: colores, olores, sonidos. Quizás esa sea la razón por la que, hasta el día de hoy, ese papá detesta verla vestida de rojo. En su mente, el rojo es el color de su orfandad. Debe resultarle como un botón de alarma, de esos encasillados en cajas de vidrio que, al romperlas, hacen sonar las ambulancias internas que lo transportan hasta el día en que ella no era amada; y odia siquiera pensar que su preciosa no fue considerada como tal en algún momento de su vida.

Para mí, es el olor de cierto champú que comencé a comprar cuando hubo tres niñas de cabello largo en la casa... porque viene en botella grande. Antes, olía a lo que huelen los champús, pero ahora, si lo vuelvo a oler, me huele a angustia. No lo compro más porque me regresa a los días tan llenos de dudas y de horror al verme en el espejo de las disfunciones que no sabía que tenía y que estaba enfrentando a un ritmo que me incomodaba. También me regresa al tiempo en el que lo que más abundaba era la resistencia y las fachadas. Quizás algún día huela a batalla ganada, pero, por el momento, prefiero que se quede en el estante del supermercado, solo viéndolo de reojo y diciéndole adiós.

¿Y la mamá de los niños del «orfanato secreto»? El famoso día decisivo en donde mi amiga desmanteló la habitación de sus pequeños saboteadores para perseguir su corazón incluyó desaparecer los vestigios del orfanato donde habían crecido. Yo la comprendo. Mis hijas vinieron con poquísimas pertenencias y yo también llegué a detestar esas pocas cosas.

Para gente que ha experimentado esas realidades como nosotros, resulta muy entrañable la figura que Pablo usa al invitar a quitarse la ropa vieja y ponerse la nueva... porque el ajuar nuevo, listo para ser usado, que fue comprado y escogido a la medida, representa un nuevo plan, un nuevo destino y un nuevo nombre, bajo los cuales podemos descansar.

Guzik lo explica con absoluta claridad: «Pablo dice, fundamentalmente, que para el cristiano debe de haber un rompimiento con el pasado. Jesús no es meramente añadido a nuestra antigua vida; la vieja vida muere y Él se convierte en nuestra nueva vida».[33] Eso sí, nuestros orígenes oscuros, violentos, rojos, deben ser libros que atestigüen del amor con que nos vio, nos tuvo compasión y con cuyo poder de Su brazo fuerte nos alcanzó, quien tiernamente nos habló al oído por nuestro nuevo nombre y nos enseñó a caminar por sendas de

---

[33] Guzik, *Enduring Word*. https://enduringword.com/comentario-bibli-co/efesios-4/

justicia por amor a Él mismo. Esos libros deben ser abiertos, jamás enterrados, porque al hacerlo sanaremos, hacia adentro y hacia afuera. Romper con nuestra vieja vida no significa negar que la tuvimos. Yo quiero que mi pasado sea como un animal disecado, que aunque enseña los dientes y las uñas, ya no puede morder o arañar. Solo se exhibe como una historia pasada, como una especie que ya se extinguió.

Imperativos entre indicativos

Vivan	Trabajen
Esfuércense	Compartan
No vivan…	Eviten
Quítense	Contribuyan
Pónganse	Sean de benedición
Hablen	No agravien
No pequen	Abandonen
No permitan	Sean bondadosos
No roben	Perdónense

Los versículos bíblicos acerca de quitarnos el ropaje de la vieja naturaleza se desprenden del capítulo 4 de Efesios, el cual está lleno de imperativos (órdenes o mandatos). Los anoté en forma de lista aquí arriba para mostrar cuán fácil es llegar a pensar —como pensaba yo— que ser cristiana es tratar esas listas de imperativos como las que les ponen a los que van al gimnasio o la piscina; que conseguiremos lograr cada cosa y llegar a ser diferentes a lo que éramos con mero esfuerzo y voluntad propia.

Podemos confundirnos fácilmente y suponer que ponernos la ropa nueva es un acto de decisión y fortaleza humanas y de asuntos principalmente externos. El que ha sido recibido en la familia de la fe y ha recibido el regalo de la convicción de lo que es estar sin Cristo, realmente anhela esa transformación, ¡quiere cambiarse la ropa!

Pocas cosas pueden aniquilar la esperanza o hinchar el orgullo tanto como leer los mandatos bíblicos desarraigados del poder que hace posible cumplirlos. Ambos extremos —perder la esperanza o enorgullecernos— se sostienen en lo mismo: un sentido de orfandad voluntaria, independencia de nuestro Padre, mera confianza en nuestra capacidad y desempeño. Por eso considero que es un verdadero crimen arrancar los imperativos de su contexto, porque jamás vienen sin INDICATIVOS; esto es, los que indican o señalan el camino de la obra terminada de Cristo y el poder de Su Espíritu Santo. Solo sobre la base de ellos es que se nos puede exigir lo que se nos exige. Parafraseando a Martín Lutero, podríamos decir que Su gracia provee lo que Su ley demanda. Mira lo que Pablo afirma:

> *Por esta razón me arrodillo delante del Padre,*
> *de quien recibe nombre toda familia en el*
> *cielo y en la tierra. Le pido que, por medio*
> *del Espíritu y con el poder que procede de*
> *sus gloriosas riquezas, los fortalezca a ustedes*
> *en lo íntimo de su ser, para que por fe Cristo*
> *habite en sus corazones. Y pido que, arraigados*
> *y cimentados en amor, puedan comprender,*
> *junto con todos los santos, cuán ancho y*
> *largo, alto y profundo es el amor de Cristo;*
> *en fin, que conozcan ese amor que sobrepasa*
> *nuestro conocimiento, para que sean llenos*
> *de la plenitud de Dios. Al que puede hacer*
> *muchísimo más que todo lo que podamos*
> *imaginarnos o pedir, por el poder que obra*
> *eficazmente en nosotros, ¡a él sea la gloria*
> *en la iglesia y en Cristo Jesús por todas las*
> *generaciones, por los siglos de los siglos! Amén*
> (Ef. 3:14-21).

Antes de entrar a dar instrucciones sobre el «quehacer», Pablo sabe que lo primero es afirmarlos sobre el «ser». Brian Chapell lo explica de la siguiente manera:

La gracia de Dios motiva nuestro comportamiento; nuestro comportamiento no produce Su gracia. Vivimos en respuesta a Su amor, no para calificar para ser aceptados o para hacer que Él nos ame. Nuestra obediencia es una oración de gratitud, no un chantaje para obtener bendiciones. Dios pagó completamente nuestra redención con la sangre de Cristo. Nuestro trabajo ahora no es vivir como si eso no fuera suficiente, sino apreciar profundamente las oportunidades para caminar en esa relación que Él aseguró. Es Su gracia lo que alimenta nuestra devoción. Lo que hacemos no debe determinar lo que somos, sino que quienes somos por la gracia de Dios debe determinar lo que hacemos.[34]

En otra parte de su mismo libro, escribe algo particularmente pertinente: «La dinámica del afecto espiritual es comparable a las relaciones familiares. Un padre que promete amar solamente cuando el comportamiento del niño da la talla puede que obtenga conformidad (o rebeldía o desesperación) en respuesta, pero no obtendrá amor. El amor condicional generalmente crea resentimiento, destruyendo nuestra habilidad de honrar el

---

[34] Chapell, *Unlimited Grace*, pág. 37.

mandamiento fundamental de Cristo: "Amarás al Señor tu Dios con todo tu corazón y con toda tu alma y con toda tu mente" (Mat. 22:37)».[35]

Un buen Papá

Es un regalo ir a las celebraciones de quinceañera (o a cualquier celebración, en realidad) cuando sabes que el deseo de quien organiza es apuntar a Cristo.

Recientemente, en una de esas fiestas, el papá de la cumpleañera dirigió unas palabras muy valiosas a su primogénita. Él es un coach profesional, graduado de una escuela prestigiosa, y compartió cómo durante un ejercicio en el curso, una compañera fue conmovida hasta las lágrimas porque no supo responder a la pregunta: «¿Quién eres?». Ella comenzó, como quizás tú lo harías, nombrando sus títulos, roles y demás actividades, pero si quitaba todo eso, no había nada más que la definiera. No sabía cuál era su esencia o verdadero valor.

Este papá miró a los ojos a su niña y le dijo: «Sofi, si existe algo de lo que necesitas estar segura es de quién eres: eres hija de Dios y eres amada». Esa es la única base sobre la cual ella o cualquiera de nosotros podremos hacer todo lo demás sin ser destruidos por la desesperanza o la justicia propia. Nuestro fundamento

---

[35] Ibíd.

es lo que ya fue hecho y completado a nuestro nombre por nuestro Padre. Solo seremos capaces de soltar los trapos viejos de nuestra antigua herencia cuando el temor sea reemplazado por la seguridad de estar arraigados y cimentados en el amor que es para siempre.

Estar arraigados y cimentados en un amor que alcanza y sobra es un regalo que no todos poseen.

Pienso en Sandra. Ella tenía solo once años, pero parecía toda una veterana del campo misionero. Ella y su mamá habían vivido días que yo solamente he visto en las películas. Nació en San Antonio, Texas, y tras ser dejada en el hospital por su mamá biológica, fue adoptada por una mujer soltera, apasionada por Jesús y su Gran Comisión: hacer discípulos. También le encantaba verse como toda una estrella de Hollywood, sin importar si estaba sirviendo en el rancho más olvidado del desierto.

Ya llevaban unos años viviendo por fe en algún rincón polvoriento de México y esa noche había un pequeño grupo de mujeres estudiando la Biblia en su casita. De repente, fueron interrumpidas por los gritos de una de las vecinas que pedía auxilio porque una rata enorme se había metido a la habitación donde estaba su bebé. Todas corrieron a ayudarla y Sandra se quedó sola.

Me la imagino resolviendo finalmente hacer lo que venía

considerando desde hacía días. Se paró sobre la cama, levantó el dedo índice hacia el cielo reclamando y dijo furiosa: «Dios, si es que existes, escúchame bien: ¡DÉJAME EN PAZ!». En ese momento, vio un destello de luz fuerte, como un flash gigante de cámara antigua, y recuerda haber escuchado: «Yo nunca te dejaré ni te desampararé». Se quedó atónita. No podía creer lo que había pasado y sobre todo, que había oído esas palabras.

Para cuando su mamá y las demás mujeres habían regresado, su corazón bombeaba más que sangre; ahora existía una esperanza circulando en ella, la cual no había conocido personalmente hasta ese momento. Las palabras «Nunca te dejaré» significaban que algo se quedaría por fin. No sabía como se sentía un «para siempre» porque, aparte de su mamá, nunca había tenido algo estable en su vida. Siempre había otra casa, otro papá, otros hermanos, otro par de abuelos, otro barrio, otra escuela... nunca un para siempre. Hasta ese día. Dios veía mucho más allá de su comportamiento desafiante o su rebeldía.

El Señor pudo ver mucho más allá y llegar hasta su corazón de niña profundamente herida, y por eso le dio una «sensación de seguridad» para empezar a atraerla hacia Él. Ante ese desafío descarado, la respuesta del Señor fue enfáticamente relacional.

Situaciones como la anterior siempre me llevan a recomendar que se lea y escuche todo el material que nos legó la Dra.

Karyn Purvis en sus estudios sobre traumas infantiles, abuso o negligencia, porque va empapado de este fundamento seguro del evangelio, aun cuando no lo expone de forma explícita. Ella enseña: «Cada mal comportamiento es una oportunidad de conexión». Estoy seguro de que si en el cielo escucharan esa frase, Jacob, Moisés, David, la samaritana, la mujer adúltera, Marta, Zaqueo, el ladrón de la cruz y mi abuelita dirían: AMÉN.

Jamás ha existido santo que no haya sido tiernamente alcanzado en medio de su mayor dolor, testarudez o vergüenza. Jamás. Piensa en cada oportunidad en la que Dios ha lidiado más claramente contigo y se ha dado a conocer a ti, y podrás darte cuenta de que no fue en respuesta a tus esfuerzos, sino a pesar de tu necedad. Jesús dice:

> *Ustedes han oído que se dijo: «Ama a tu*
> *prójimo y odia a tu enemigo». Pero yo les*
> *digo: Amen a sus enemigos y oren por quienes*
> *los persiguen, para que sean hijos de su Padre*
> *que está en el cielo. Él hace que salga el sol*
> *sobre malos y buenos, y que llueva sobre*
> *justos e injustos. Si ustedes aman solamente a*
> *quienes los aman, ¿qué recompensa recibirán?*

¿Acaso no hacen eso hasta los recaudadores
de impuestos? Y, si saludan a sus hermanos
solamente, ¿qué de más hacen ustedes?
¿Acaso no hacen esto hasta los gentiles? Por
tanto, sean perfectos, así como su Padre
celestial es perfecto (Mat. 5:43-48).

Que Jesús nos haya amado en nuestro peor día de rebeldía y haya ejecutado de forma perfecta la imposible tarea de querernos cuando éramos realmente indeseables, hace posible que ahora seamos una tubería por donde pase Su potente chorro de amor sobrenatural. Esto no significa que lo haremos sin sangrar, sino que lo haremos con un gozo que lo tiene a Él como premio.

Un nombre nuevo

No era la primera vez que ella jugaba al fútbol. Los lazos invisibles que la enlazan con nosotros venían con él, los que le dimos un nuevo nombre. Una mamá que brinca y grita desde afuera de la cancha viene atado a ese uniforme. Es una armadura, eso es. No tiene poderes mágicos, pero sí es diferente a cualquier otro uniforme que haya usado, porque este tiene impreso en la espalda el nombre que explica por qué nunca más llorará sola.

El mundo está habitado por una mayoría que nunca celebró un nuevo nombre y que, casi seguro, nunca se ha detenido a considerar el valor y el peso que trae su propio nombre. Hay un contraste, un antes y después, para quien ha vivido sin este sello de gracia sobre su vida. Hay un profundo pesar cuando nuestro nombre es pronunciado por personas que no pueden prometer no dejarnos jamás.

En un orfanato, un nombre no une a nada permanente y, en vez de ser un colchón sobre el cual poder encontrar calidez y descanso, es un lago profundo, oscuro y frío, lleno de preguntas que no encuentran respuestas. Nuestro nombre es la declaración de que le pertenecemos a alguien, de que hay una historia más grande a la cual se nos ha unido y es una respuesta descomunal a la necesidad más básica del ser humano: la pertenencia. Cuando un padre y una madre nombran a un hijo, extienden su sombrilla protectora e incondicional sobre él. El acto de reconocer con nuestro nombre a alguien más nos une para siempre.

Lo cierto es que perdieron el partido. Pero su corazón no se partió ni se perdió. Igual fuimos a tomar un helado de limón. Su favorito.

Hay algo irrompible en un niño que llega a puerto seguro. Nace una esperanza que empieza a dar brotes. Tener un nuevo nombre bajo el cual se puede descansar produce algo curiosamente maravilloso: luchamos más duro porque existe la garantía de que el amor está disponible al otro lado sin importar lo que suceda, y nos hace más dóciles porque ya no luchamos por obtener un lugar. Tenemos un lugar, una familia, un amor. Somos de alguien. El nombre no es un trofeo que se gana. Es un honor otorgado por gracia, es el sonido que nos dice: «Te amo sin que hayas hecho nada». Ese es el amor que echa fuera el temor. Ese es el único amor que persigue sin cansarse y que, como he oído de diversas fuentes, «no nos cambia para amarnos, sino que, debido a que ya nos ama, nos cambia».

El día que Dios me vistió con la justicia de Cristo por la cual no sudé ni sangré, ese día comencé a jugar con todo mi corazón. Su nombre sobre mí me dio fuerzas para querer honrarlo. Su sonrisa y aplauso incondicionales me liberaron de querer ganar... y si gano, es por Él. Eso de probarme en la cancha ya no importa porque mi ganancia es Él. Es saber que nos iremos juntos al final, a comer un helado de limón, porque soy Suya y nada lo cambiará.

Pero ahora, así dice el Señor, el que te creó,

Jacob, el que te formó, Israel: «No temas,

que yo te he redimido; te he llamado por tu

nombre; tú eres mío» (Isa. 43:1).

Esto del cambio de nombres es significativo y maravilloso. «En la Biblia hay muchos cambios maravillosos de nombres, como cuando Dios cambió el nombre de Jacob a Israel (Génesis 32:28), y cuando cambió el nombre de Simón a Pedro (Marcos 3:16). Dios promete un nuevo nombre maravilloso a cada persona que vence en él (Apocalipsis 2:17). Dios nos da muchos nombres por fe (santo, justo, escogido, sacerdote real, hijos de Dios, etc.), y sabe que él mismo nos conformará al significado del nombre... aun si parece imposible».[36]

Tener un nuevo nombre implica que tenemos un nuevo fin, una nueva trayectoria y un nuevo abrazo al cual regresar en los peores días. Un abrazo que jamás se nos negará. Entrar a Su familia significa que no solo se me cambió la ropa, sino también mi corazón. Y este nuevo corazón quiere llegar a casa para verlo a Él, porque ese es todo el propósito de su vida.

Detesto tu pecado; te amo a ti: una carta

Sé que a veces aún te cuesta distinguir, pero al que detesto es a tu pecado. Porque a ti te amo, y precisamente porque te amo, necesito odiar todo lo que te ponga en riesgo. Separarte de Dios es lo peor que puede pasar, y tu instinto natural es correr en dirección opuesta a Él, porque el mal te habita. Lo sé porque vivo la misma lucha y he aprendido a aceptar que no puedo sola.

---

[36] Guzik, *Enduring Word.* https://enduringword.com/comentario-biblico/genesis-17/

Yo sé que quizás no has llegado a verlo claro, pero cada intento de solucionar tus asuntos a *tu* manera es una declaración de desconfianza en Él y Su plan. Pecar es decir en tu corazón: «Yo puedo ser como Dios, y yo decido lo que está bien y lo que está mal», y Él no cabe en esa ecuación.

Cada vez que escoges hacer tu voluntad, aun en las cosas más pequeñas, estás escogiendo rechazar el camino que te hará vivir, aunque por un instante parezca que obedecer al Señor te va a matar. Hacer la voluntad de Dios se siente como morir... ¡porque realmente eso es! Morir a ti y a lo que tu carne desea, pero luego es vida.

Odio tu pecado porque te pone en el centro y, al ubicarte en el centro, eres blanco fácil del enemigo de tu alma. Como cuando un venado se arriesga a salir a una planicie. Pareciera un paraíso con mucho campo para correr, brincar y hacer lo que quiera, pero jamás podrá esconderse de las balas del cazador, porque allí no hay refugio ni tregua. Verte correr en ese campo abierto (en el mismo lugar donde yo también he recibido balas) no puede serme indiferente y menos puede darme gozo. Me produce angustia y lo único que me apremia es el impulso de correr con todas mis fuerzas para llevarte al lugar seguro, arrastrándote si fuera necesario, aun si me odias un poco porque en el momento no entiendes lo que hago.

A veces, mis intervenciones y mi desaprobación serán interpretadas como falta de amor, pero son todo lo contrario. Como te amo, odio tu pecado. Como te amo, quiero hacer contigo lo que otros hacen por mí: arrastrarte al lugar seguro.

Hacer tu voluntad sin Dios es suicidio, aunque no te hayas dado cuenta, y ser testigo mientras lo haces me hace cómplice de tu muerte, lo cual me hace doblemente culpable. Jamás cuentes conmigo para eso.

El Señor nos dio los unos a los otros para amarnos, y ese amor incluye el abrazo cuando hay frío, el hombro cuando hay tristeza, la voz de alarma cuando hay peligro y la corrección cuando hay necedad.

Te amo, pero amo a Dios y Su gloria por encima del amor que te tengo. Nuestra libertad y acceso al lugar seguro costaron sangre, y entre más lo comprendo, menos puedo soportar nuestros intentos de sabotearlo. Por eso me arriesgo a tu enojo momentáneo, pero eso no hará nunca que deje de odiar tu pecado.

Anota y medita

Lee la lista de imperativos y anota al lado cómo Cristo lo hizo perfectamente (puedes anotar citas bíblicas que te ayudan a ver Su obra perfecta):*

	Jesús cumplió así...
Vivan	
Hablen	
Compartan	
Abandonen	
Pónganse	
Trabajen	
Eviten	

Consejo: puedes regresar a este libro para ir rellenando las casillas a medida que atravieses tu Biblia.

Oración

Es una alegría y un alivio incomparable conocerte a ti, Jesús,
como el suficiente Salvador que no solo quiso, sino que pudo
cumplir por mí cada mandato dado por el Padre, que es bueno
y perfecto. Señor, cada vez que olvido tu evangelio, tiendo a
desesperarme o a enorgullecerme y ¡te necesito! Quiero desear
vivir en esa realidad de mi nueva identidad que me dio un nuevo
propósito y así honrarte y glorificarte con mi testimonio de vida,
hasta que llegue el día de verte cara a cara y gozar de tu compañía
sin el estorbo de mi carne o los dolores de este mundo caído. ¡Ven
pronto, Señor! En el precioso nombre de mi Hermano mayor,
Jesús, amén.

6

Adoptados para *adoptar:*
el reflejo del Dios que da vida

Porque somos hechura de Dios, creados en Cristo Jesús
para buenas obras, las cuales Dios dispuso de antemano a
fin de que las pongamos en práctica.

Efesios 2:10

Oración por la Iglesia, con «I» mayúscula

Se siente como en Egipto. Se siente como en Belén. Los soldados que rodean las casas y vienen por los pequeños. El enemigo del Creador, que destruye a diestra y siniestra. Los rastros de llanto son como riachuelos que se unen al río que se lleva a los niños, pero en nuestros días mucho ha cambiado... ¡Ahora los padres los entregan con tambores y bailes! Los padres que huyen de sus puestos, pagan por abortos; y las madres, hipnotizadas por la serpiente que les repite la vieja

mentira: «Puedes ser como Dios… eres dueña de tu cuerpo».
No hay duda de que hemos perdido la cabeza. Hemos perdido
el asombro de los milagros cotidianos. Nos creemos señores.
Perdimos el sentido de reverencia y maravilla. Hemos llegado a
ser desechables, opcionales y robóticos. No comprendemos que
si destruimos a nuestros niños, nos estamos atando una piedra
de molino al cuello y seremos los siguientes en ahogarnos al ser
arrastrados por la corriente incontrolable… hemos perdido la
cabeza y evidentemente, el corazón.

¡Sálvanos, Rey bueno! ¡Sálvanos tú que te hiciste niño, tú que
escogiste experimentar nuestras desgracias y bellezas desde cero,
desde el vientre, desde el parto! Devuélvenos el asombro que
nos produce ser testigos de tus manos trabajando en el banco del
alfarero. Por favor, haznos ver en cada ultrasonido tus huellas
digitales y en cada latido, tu canto. Conmuévenos con ver la
misericordia que nos brindas al confiarnos —a nosotros, los
malvados— tus bellezas más vulnerables.

Tráenos de vuelta a nuestro lugar correcto, a la humildad
de considerarnos criaturas dependientes de ti y a que nuestros
corazones se sepan dichosos al reconocer que te necesitamos.
Danos por favor la perspectiva correcta y que estimemos como
bendición y herencia tuya a cada niño, aunque el mundo lo llame,
sin la mayor vergüenza, una inconveniencia.

¡Sálvanos, Rey bueno que se hizo niño, que se hizo embrión, que se hizo quebrantable para darnos vida! Ilumínanos cada vez que abrimos tu Libro para ver cada vida a través de tus ojos preciosos. En nuestro entendimiento limitado y oscuro, solo queremos pedir «niños sanitos» y a menudo se oye: «Eso es lo más importante». Pero recuérdanos la verdad y el deseo de tu corazón, para que, al nacer, nuestros niños hallen padres conscientes de su mayor necesidad, que es reconocerse incapaces de salvarse, y que en ese entendimiento, estén creciendo en humildad delante de ti, que estén convencidos de que es imposible vivir como tú mandas sin tu ayuda, y que a partir de eso, nuestros pequeños corran a ti porque nos ven hacerlo con todo el corazón.

Que tanto papás como mamás puedan descansar en tu inmensa bondad y soberanía, y no en sus fuerzas, su habilidad ni su cuenta bancaria. Que tú seas el Esposo y Padre de las que están solas. Que tus brazos —tu Iglesia— las rodeen de amor y sostén y, a medida que les crezca el vientre, su comunidad crezca en misericordia, servicio y amor a la verdad. Que no olvidemos a los papás que desean ser responsables y que se sienten profundamente desesperados por el deseo de criar al hijo que por diferentes motivos no pueden alcanzar. ¡Haz puentes donde hoy no existen, Señor!

Que cada bebé que aún no ha nacido emerja a la luz conectando la mirada con los que han sido destinados a darle identidad y protección para su bien y tu gloria. Finalmente, ese amor de una vía lo empuje a conectar su mirada con la mirada del Rey bueno, que se hizo niño, que se hizo embrión y que lo ha amado desde siempre.

Que tu Espíritu Santo nos invada de una profunda tristeza por nuestros crímenes secretos. Que aquellos que han hecho de su vientre una tumba llamen al pecado por su nombre y sean libres en tu presencia. Que las mujeres que se maquillan una sonrisa para asistir a la iglesia pero llevan enterrado el recuerdo de un aborto puedan experimentar una inundación de tu gracia. Que reciban ese regalo precioso del verdadero arrepentimiento y que podamos verlo también en los hombres que, por su cobardía o indiferencia, han contribuido a que el Belén donde se oyeron coros de ángeles se convierta en un mar de alaridos de dolor.

Por todos los pequeños más pequeños te rogamos, Rey bueno y poderoso, Rey del cielo y de la tierra, que formas vida en los vientres, que te hiciste chiquito y «quebrantable» para hacernos tuyos.

En el Nombre de ese Rey, de Jesús.

Amén.

Los valiosos

No siempre será así. Me obligo a parar y ver. Tomo fotos para recordar el ahora; para recordar que esto es precioso y que debo ser intencional en enseñarles que valen porque portan la imagen de Su creador y que Él fue intencional en amarlos —y amarme— antes de que pudiéramos hacer algo para ganárnoslo. Valen por Quién los hizo y los compró con sangre. Son apreciados y queridos por Aquel a quien reflejan.

No hay otra criatura que haya necesitado ser amada hasta la muerte. El cielo anuncia las maravillas de Dios, los árboles le cantan en armonía junto al viento, las orugas se transforman a la perfección conforme a Su diseño. Todos hacen exactamente aquello para lo que fueron creados; ninguno de ellos necesitó un amor que fuera a la cruz, porque solo nosotros, los seres humanos, nos rebelamos contra el Creador y, al mismo tiempo, ninguna otra criatura fue hecha a Su imagen y semejanza.

Somos peores de lo que pensamos y más
amados de lo que alguna vez hayamos
soñado.[37]

---

[37] Timothy Keller, *The Meaning of Marriage: Facing the Complexities of Marriage with the Wisdom of God*. Penguin Group, 2011. Pág. 40. Edición para Kindle.

¡Eso es lo que no entendemos! Satanás ha logrado confundirnos al punto de que nos atrevemos a defender a viva voz que un pollo vale lo mismo que uno de mis niños. Lo oí yo misma una noche, de boca de un grupo de muchachos platicando en la calle cerca de mi ventana: «Es lo mismo. ¿No comemos huevos? Es lo mismo. Es un ser vivo...». Yo tuve que salir a buscar a una de mis niñas al área de juegos y pasé a su lado. Ni me dijeron «buenas noches», ni dejaron de hablar con el mismo tono de voz: «Abortar es lo mismo». No pude más. Me volteé, abracé de lado al que hablaba —un niño que he visto crecer— y sin preámbulos le dije: «Dale gracias a Dios porque tu mamá no te valora igual que a un pollo... la gran diferencia es que fuiste hecho a la imagen y semejanza de Dios».

La gran obra maestra del diablo y de nuestro supremo egoísmo es alejar nuestros corazones del Creador, distrayéndonos con los regalos de Su creación como si fueran nuestros. ¡Qué satánica genialidad lograr que los jóvenes lleguen a pensar que los animales y nosotros valemos exactamente igual! Entonces vemos cómo se llama «hijos» a perros con suéteres de marca, y jóvenes diciendo sin tapujos que, en caso de embarazo, abortar no será muy diferente a hacerse el desayuno.

Sí. Mi casa está llena de relajo y juguetes, ropa heredada y citas de dentista, alfombras de colores y legos, y todo es a propósito. Me detengo y observo. Mis niños no nacieron para mí o para mi satisfacción (o la de ellos); nacieron para anunciar al Rey del universo que los hizo y que vino frágil, vino Niño. Mis niños y cada pequeño que ha sido concebido reflejan esa imagen. Por eso, el gran crimen de nuestro tiempo es igualarlos a animales de feria —para ser exhibidos o explotados... o destinados al matadero—, todo porque no hemos entendido a Quién le pertenecen.

> *Tú creaste mis entrañas;*
> *me formaste en el vientre de mi madre.*
> *¡Te alabo porque soy una creación admirable!*
> *¡Tus obras son maravillosas,*
> *y esto lo sé muy bien!*
> *Mis huesos no te fueron desconocidos*
> *cuando en lo más recóndito era yo formado,*
> *cuando en lo más profundo de la tierra*
> *era yo entretejido.*
> *Tus ojos vieron mi cuerpo en gestación:*
> *todo estaba ya escrito en tu libro;*
> *todos mis días se estaban diseñando,*
> *aunque no existía uno solo de ellos*
> (Sal. 139:13-16).

Mala enseñanza, niños en el basurero

Porque llegará el tiempo en que no van a
tolerar la sana doctrina, sino que, llevados de
sus propios deseos, se rodearán de maestros
que les digan las novelerías que quieren oír
(2 Tim. 4:3).

La consecuencia natural de plantar un árbol en buena tierra es que crece para arriba, para abajo y para los lados. Resulta dando lo que recibe. El fruto inevitable de un pueblo expuesto a la verdad es la justicia que se expresa de múltiples maneras: en cómo ama, empezando por los que viven bajo su techo e incluyendo a los vulnerables que les resultan humanamente inconvenientes. Por el contrario, el fruto de un pueblo entretenido con enseñanzas mezquinas, superficiales, moralistas e inmensamente centradas en ellos mismos o llanamente falsas, resultará en negligencia de lo eterno y lo verdadero. Una de las formas en la que esto se hará evidente es a través de la forma en que expresan el quebranto (el propio y el ajeno) y tratan a los que están en desventaja.

Cuando la Verdad reina, adquirimos mayor consciencia de nuestra pequeñez y finitud, de nuestra calidad de huérfanos necesitados de gracia y, como consecuencia, crecemos en arrepentimiento, asombro, temor de Dios y también en gozo y libertad de vivir sin el temor de perderlo todo; deseamos desear más a Dios, queremos vivir en la luz; no para exhibir lo «aplaudible», sino, más que nada, para exponer lo reprochable, porque sabemos que es para nuestra sanidad y bendición de los demás. Un pueblo que busca y recibe mentiras dulces que suenan bien, no puede realmente obrar justicia, por más que lo intente. Trágicamente, ese pueblo no es inactivo; más bien, tiende a estar ocupado. Esto no es nuevo.

El Señor no esta interesado en un ejército efectivo de soldados que le son desconocidos; Él quiere una familia. Muchos de nosotros pensamos que estamos trabajando para los niños vulnerables, pero lean bien: estamos en nuestro estado más vulnerable cuando pensamos que, por estar trabajando PARA Él, estamos cercanos a Él.

Presten atención a las palabras de Jesús mismo: «No todo el que me dice: "Señor, Señor", entrará en el reino de los cielos, sino solo el que hace la voluntad de mi Padre que está en el cielo. Muchos me dirán en aquel día: "Señor, Señor, ¿no profetizamos en tu nombre, y en tu nombre expulsamos demonios e hicimos muchos milagros?" Entonces les diré claramente: "Jamás los conocí. ¡Aléjense de mí, hacedores de maldad!"» (Mat. 7:21-23). Está claro que hacer Su voluntad no tiene que ver con actividad hecha para Él, sino en Él. Es muy diferente. Lo he vivido en carne propia, como ya les he compartido.

¿Serán condenados los perezosos? ¿Los negligentes? ¡Claro! Pero más que nada, los condenados serán los que trabajan arduamente siendo autosuficientes, actuando como sus propios pequeños dioses que hacen el trabajo de Dios sin el corazón de Dios.

Advertencia: el éxito del reino de Dios se mide de una manera muy diferente. El éxito de Dios se ve como fracaso para el mundo. El éxito para el discípulo es la obediencia, la fidelidad, el deleite en los mandamientos de Dios, y todo esto se confirma en los lugares más secretos donde el aplauso viene en forma callada o aparentemente «tardía».

Durante un increíble viaje a Israel en diciembre de 2017, una de las lecciones de historia más impactantes que recibí fue la que nuestro guía, Uri Goldflam, nos impartió mientras dábamos la vuelta al Valle de Ben Hinón, en las afueras de Jerusalén. Jeremías lo menciona explícitamente tres veces:

> *Porque ellos me han abandonado. Han*
> *profanado este lugar, quemando en él incienso*
> *a otros dioses que no conocían ni ellos ni sus*
> *antepasados ni los reyes de Judá. Además, han*
> *llenado de sangre inocente este lugar. Han*
> *construido santuarios paganos en honor de*

> *Baal, para quemar a sus hijos en el fuego como*
> *holocaustos a Baal, cosa que yo jamás les*
> *ordené ni mencioné, ni jamás me pasó por la*
> *mente. Por eso vendrán días en que este lugar*
> *ya no se llamará Tofet, ni Valle de Ben Hinón,*
> *sino Valle de la Matanza —afirma el Señor —*
> (Jer. 19:4-6).

El valle de Hinón nos da la idea del Gehenna, en el Nuevo Testamento. Gehenna es una palabra griega tomada del hebreo. Jesús habló del infierno (Gehenna) refiriéndose a este lugar a las afueras de la muralla de Jerusalén profanado por el culto a Moloc y los sacrificios humanos (2 Crón. 28:1-3; Jer. 32:35; Mar. 9:43-44). Era también un vertedero donde se quemaban la basura y el desperdicio. Los constantes fuegos y gusanos del valle de Hinón presentan una descripción gráfica y una imagen efectiva del destino de los malditos. Este lugar también es llamado el «lago de fuego», preparado para el diablo y sus ángeles (Mat. 25:41; Apoc. 20:13-15).

Jeremías escribe de parte de Dios a Su pueblo, el cual decía pertenecerle y, de hecho, seguía con Sus rituales, pero evidentemente estaba lejos de Él… y no creas que es muy difícil llegar a esos extremos. Siempre nos terminaremos pareciendo a lo que realmente amamos, no lo que decimos amar.

En una ocasión, Jedd Medefind, un buen amigo y director
ejecutivo de Christian Alliance for Orphans [La Alianza
Cristiana para los Huérfanos de Estados Unidos], vino a dar
varias conferencias a la Cumbre Latinoamericana ACH y enseñó
acerca del contraste entre los dioses grecorromanos y el Dios
de la Biblia. Los primeros eran temperamentales, inestables,
egocéntricos y crueles (lo cual también pude constatar en los
museos que visitamos en Israel). Eran deidades que exigían el
sacrificio de niños para saciar sus caprichos, y las sociedades que
los seguían ciertamente reflejaban su carácter. Por ejemplo, en la
antigua Roma, cuando un niño nacía, era presentado a los pies
del papá y era aceptado y recibido en la familia si a él le parecía
aceptable; de lo contrario, los bebés eran llevados a las puertas
de las casas de la gente adinerada, quienes podían usarlos como
esclavos o terminar en prostitución. También eran abandonados
afuera de las murallas de la ciudad, donde seguramente serían
devorados por animales del campo o morirían por las condiciones
del clima.

Esas sociedades eran un espejo de sus dioses. Todas las
sociedades siguen siéndolo. No puede ser de otra manera.
Algunos podrían decir que la idolatría ya no existe, pero hoy
en día se adora la comodidad, la satisfacción instantánea y la
felicidad (como la define el mundo). Una de las pruebas de esta

idolatría contemporánea es el estado de nuestra niñez (desde el vientre) y la percepción general que se tiene de lo que significa la familia. Cualquier obstáculo que impida obtener lo que yo defino como «bueno» debe ser sacrificado y eliminado sin reparos y sin mirar atrás.

Sin embargo, si lo pensamos bien, es ilógico sentir indignación ante aquellos que, debido a una mala enseñanza, viven sin tener esperanza eterna y llevan vidas egocéntricas que no les permiten ver más allá de sí mismos... es como pedirle peras al olmo, ¿por qué habrían de vivir de otra manera? Sin un anhelo interno que nazca producto de la espera de un reino perfecto y eterno, ¡por supuesto que se vivirá desesperado, arrancando con las manos lo que nos quepa en esta vida! Algo como lo que les pasa a los niños pequeños frente a las piñatas: cae el torrente de dulces y ellos piensan: «O me lanzo y arrebato todo lo que pueda ahora, ¡o nunca más en la vida tendré acceso a un botín así!».

Al recibir la noticia de que nuestra ciudadanía está en otro lado y que nos espera la dicha perfecta que no alcanzamos siquiera a imaginar, tendremos la oportunidad de soltar los puños llenos de dulces quebrados —mezclados con tierra y grama— para, por fin, disfrutar de la verdadera fiesta y hasta ser desprendido y empezar a repartir los preciados dulces, porque sabemos que después de todo esto, hay muchísimo, muchísimo más.

Esa era la razón por la que los discípulos de Jesús salían de la ciudad a buscar dar la vida en medio de esos basureros. Eran ellos los que tomaban la responsabilidad de proteger y amar a los niños abandonados que eran considerados inaceptables en su mundo. Entendían su propia historia de rescate y así desplegaban su entendimiento de la imagen de Dios sobre todos, la imagen de aquel que perdió la vida para encontrarnos y traernos de vuelta a casa.

La esperanza que alimenta una vida para la eternidad se hace evidente en las decisiones que tomamos. Una a una, estas van delatando si estamos o no esperando a Alguien perfecto que ya viene a liberarnos por fin. ¿Estamos esperándolo, sabiendo que nos librará del dolor, de la muerte y del pecado con el cual luchamos hasta cuando dormimos? Puede que el pueblo de Dios no tenga basureros físicos en los cuales arroja o queme a sus niños que le parecen inconvenientes. Sin embargo, al vivir para nosotros mismos, nuestra propia comodidad y renombre, seguiremos sacrificando a los vulnerables y normalizando lo que es abominable delante de Dios. Seguiremos intentando sacar de nuestra vista —en las afueras de nuestros muros— a los que sabemos que nos hacen vulnerables. Que Dios tenga misericordia de quienes se empeñan en enseñar autoayuda y prosperidad terrenal a costa de lo eterno. Que Dios tenga misericordia de los que se empeñan en querer seguir escuchándolos.

Amor, no transacción

Soy de las que quiero ver la cultura de adopción (que incluye acogimiento temporal y mentoreo) tomar vuelo en mi región y que se considere una respuesta normal entre los cristianos. Sin embargo, hay algo que no estamos comunicando bien: veo publicaciones en donde se anuncia la adopción o el acogimiento apelando al ego del adulto que lo está considerando. Se anuncia como algo que no exigirá todo lo que el adulto teme. Se publicita a los niños como personas pequeñas encantadoras que solo traerán felicidad a las vidas, lo cual simplemente es una continuación de la cultura actual de autosatisfacción egoísta de la que acabamos de hablar.

Los anuncios hablan al ser humano natural, es decir, al que aún no tiene un corazón nuevo. Le hablan al que quiere sopas instantáneas, liposucciones y ensalada en bolsa; a los que huyen del trabajo duro y de morir a sí mismos. Son mensajes dirigidos al que anda buscando saciarse antes que saciar, que busca comodidad antes de incomodarse por el bien y la seguridad de otro. Las publicaciones le hablan al lado egoísta de hombres y mujeres.

Si no lo han entendido todavía, el problema radica en que anuncian las ventajas que ofrece esta relación, pero el verdadero amor no es así. El verdadero amor no anda cotizando para ver qué es lo más cómodo o conveniente. El verdadero amor no está buscando usar un producto para beneficio propio. Por el contrario, busca el beneficio del otro, sin importar el inmenso costo personal. El verdadero amor no usa, más bien se gasta para servir (Mar. 10:45).

La adopción no soluciona lo que solo Dios, en Jesús, puede solucionar. Los hijos biológicos tampoco llenan ese vacío. Me refiero a que si la razón de tener hijos es «ser feliz» o «tener un propósito», estamos perdidos. Ningún niño sobre la faz de la tierra es una buena mascota. Todos los niños de carne y hueso molestan, prueban los límites y vienen cundidos de necesidades profundas. La adopción requiere de un adulto dispuesto a dejar alma y cuerpo, de forma paciente y consistente, por el bien de alguien que quizás no muestre fruto en muchísimos años. No necesita de otro niño herido al que solo le creció la talla de los pantalones. La raíz de la soledad está en la falta de identidad en Cristo, y esa necesidad íntima solo Cristo la puede sanar. Ningún niño o pareja puede satisfacer el corazón que fue hecho por Cristo para Cristo.

No se puede enganchar a la gente con el anzuelo del ego y la emoción, y esperar que emprenda un camino que demanda amor incondicional, destrezas y mucha convicción. No se puede empezar con bases tan inestables y falsas y esperar que termine bien. Si piensan adoptar porque el niño es «lindo y educado», piénsenlo dos veces. Ustedes no andan buscando ser padres, sino hacer una transacción que les favorezca, donde entregarán solo si reciben. ¡Eso no es amor!

El riesgo

La imagen de ponerle sus zapatitos de charol me quedó grabada como cuando marcan al ganado con fuego. Quizás sea porque recuerdo bien la ilusión que me daba a mí estrenar un par de zapatos iguales, tan pronto como me quedaran. Mi abuelita me los había traído como regalo y, en mi mente de cinco años, había pocos objetos en el mundo más bellos que ese par de zapatos. Recuerdo bien cómo me sentía cuando los estrené. Ahora pienso en nuestra hija pequeña. Ella no vino a casa con zapatos rotos, pero sí apretados. No era que anduviera descalza, pero con una veintena de niños en el orfanato, no había tiempo para hacer compras personalizadas. Usaba lo que tenía.

Cuando anunciamos nuestra decisión de adoptar, y de hacerlo con una nena «mayorcita», alguien que amo mucho me preguntó a través de un mensaje de texto: «*¿Cuáles son los riesgos?*». Creo que es la pregunta que muchos se hacen.

El miedo es uno de los primeros obstáculos entre un niño huérfano y un hogar verdadero. No he estado en el lado del niño, pero sí del padre. Tenemos muchos miedos. Miedo a la incomodidad, al error, a perder la estabilidad, a tener que lidiar con algún misterioso gen portador de alguna «maldición». No es casualidad que el antónimo de amor en la Biblia no sea odio, sino temor. El amor cubre multitud de faltas; el temor las pone sobre pedestales, las examina con lupa y las enmarca para verlas constantemente y así darles razones a la mente y al corazón de que es mejor quedarse lejos. El temor jamás ganó una batalla porque nunca se presentó a pelearla.

El asunto es este: ignorar algo no lo hace desaparecer. Ignorar a los huérfanos y sus problemas tampoco. Uno puede hacer como si no pasara nada, como si fuera problema de otro, y las carencias seguirán persiguiendo a estos niños. Supongo que esa es la razón por la que muchos se mantienen lejos, porque una vez que uno ve de cerca la realidad, ya no puede ignorarla.

Lo que quiero dejar en claro es que adoptar es meterse en líos. Pero, ¿no es eso lo que Dios hace con frecuencia? Llamarnos a buenos líos, porque allí es donde vemos mucho más clara nuestra debilidad, aquella que está pegada a la suela del zapato como si fuera un chicle, nuestra gran necesidad de Él. A ella la acompaña nuestra libertad de querer probarle algo al mundo o nuestra ansia de ganarle la competencia a los demás. Pero cuando soltamos nuestra ilusión de control y el miedo, entonces sale a luz nuestra bella calidad de *nadies* con necesidad de Alguien.

¿Existen riesgos? El primero es ignorar que cada niño es un regalo de Dios y que no existe uno que haya nacido sin destino. Corremos el riesgo de dejar pasar la oportunidad de ver en primera fila a Dios trabajar, proveer y cambiar vidas —principalmente las nuestras— y de experimentar la vida abundante a la que tenemos acceso cuando empezamos tomando nuestra cruz. Existe el riesgo de dejar a otro niño o niña teniendo pesadillas cada noche, teniendo que crecer con el corazón endurecido de ver que a nadie parece importarle lo suficiente, para después en la vida, tratar de aplacarlas con toda clase de malas decisiones.

Corremos el riesgo de parecer inconsistentes al dejar a los niños más vulnerables crecer sin nuestra compañía intencional y cercana y, con el paso del tiempo, tratar de convencerlos de entrar a nuestra iglesia para obedecer a un Dios que nunca dejamos que usara nuestras manos y pies, nuestra cuenta bancaria y nuestra mesa, nuestra casa con una cama extra, nuestro apellido o nuestro testamento.

El mayor riesgo es dejar de morir a nosotros y vivir cómodamente para nuestra gloria, para que, al final de la vida, descubramos que había más, si tan sólo hubiéramos confiado en el Señor. El mayor riesgo es perder lo mucho por lo poco. Es dejar de obtener el gozo profundo e incomprensible que nace producto de cambiarle un par de zapatitos apretados por un par nuevo de charol a una nena que dejó de ser huérfana y pasó a ser nuestra hija.

> *¡Aprendan a hacer el bien!*
> *¡Busquen la justicia y reprendan al opresor!*
> *¡Aboguen por el huérfano y defiendan a la viuda!*
> (Isa. 1:17).

Al pensar en este texto, recordé lo que publiqué en mi blog — Corazón a papel— el 16 de marzo de 2015, día en que trajimos a nuestra cuarta hija, Evelyn, a casa. Creo que es oportuno incluir una buena parte aquí:

> Seremos de esos que la gente mira raro y a quienes les dicen cosas como: «¿Y ustedes, qué?». De los que buscan las ofertas, agradecen las herencias y llenan y llenan la casa de risas y gritos, más que de sofisticación y trofeos. Y diremos que valdrá la pena. Porque penas habrá, pero ya sabemos el final, porque el Libro que nos sostiene nos cuenta el final feliz en cada página (Rom. 8:28), y nos cuenta que no se obtiene sin lágrimas (1 Ped. 4:12).

No soy ave de mal agüero, estamos navegando un río turbulento por elección, porque oímos Su voz. La garantía no es un viaje tranquilo, sino un viaje lleno de Él.

No se asusten por nosotros. Dios manda a hacer cosas que únicamente producen muerte al «yo» y vida a Él. ¿Qué hay que temer en eso? ¿Eso de que Dios no nos da más de lo que podemos manejar?... lo estoy dudando. Creo que nos manda precisamente cosas imposibles para que soltemos todo y nos aferremos a Él.

Ya estoy agarrando la onda. Soy muy feliz. Estoy entendiendo que no existe el verdadero gozo afuera del quebrantamiento. Huir de las asignaturas duras es huir de lo que nos hará completos en Él y profundamente felices. Felices porque vemos que Él es el fin de todo.

La gente me ha dicho cosas que van desde tiernas hasta horribles al saber que adoptamos nuevamente. Más que nada, se afligen por mi salud mental (ja, ja). Yo estoy tranquila, aunque mi corazón de madre quiera inclinarse hacia la ansiedad. Si Él llamó, Él hará. Y no es que estemos guiando a un pueblo entero a cruzar el mar... son cuatro niños. Además, si estuvo con Moisés, va a estar con esta pequeña tribu.

La gente me insinúa (ahora me insinúa; antes de que adoptáramos, me lo decía) que los niños adoptados tienen problemas o más bien son un problema. Pues… sí, tienen problemas, varios. Y yo también los tengo y fui muy querida por mis papás siempre.

La cuestión es esta: van a tener problemas con o sin nosotros; la diferencia es que estamos escogiendo caminar con ellos. Estar allí. Corregir, animar, alimentar. Ser papás. Eso es todo.

También me han dicho que seguramente nuestras nenas tienen algún llamado especial y que por eso pararon con nosotros… qué lindo, pero no. Si yo les dijera que mis hijos tienen algo especial, estaría contribuyendo al mito de que los pastores tienen algún tipo de sangre especial y que Dios tiene consentidos. Simplemente, no funciona así. No existe niño sobre la faz de la tierra que no haya sido moldeado por los dedos de Dios, y ninguno nace por accidente. Todos nacieron para alabanza de Su nombre. Quizás tu hijo o hija ya nació y no te has dado cuenta.

Nosotros no estamos tratando de salvar el mundo. Ese trabajo ya está perfectamente cubierto. Estamos agrandando la familia por medio de la adopción. Uno no adopta para salvar niños… ¡qué pretencioso! Uno adopta para ser papá o mamá. Para amar y entrenar. Dios hace el trabajo imposible de transformación. Yo jamás me apuntaría para salvar a nadie, porque ni pude conmigo misma. La salvación es del Señor.

Hay quienes, al ver historias como la nuestra, nos dicen que Dios nos va a bendecir. ¡Y es cierto! Pero yo quiero dejar claro que obedecer a Dios en algo que cambia el rumbo de la vida no nos «compra» un seguro que garantice una vida rosada. Esta no es una transacción de negocios. Dios no nos debe nada. Él es soberano y hará lo que considere justo y bueno. Y todo siempre será para nuestro bien, venga lo que venga. Todos somos Suyos (Salmo 73).

Yo no soy valiente, solo conozco al que llama. No hay riesgos en obedecerle. El riesgo más grande que veo es gastarme la vida en cosas que no glorifiquen Su nombre. Servirle criando a este cuarteto es algo maravilloso.[38]

Todos podemos hacer algo: una breve historia sobre acogimiento temporal

Hay dos niños pequeños que ya no viven en el limbo. Su situación es aún menos que ideal, pero están envueltos en amor. Deben ir

---

[38] Aixa López, *Corazón a papel*. http://www.aixadelopez.org/corazonapa-pel/flores-moradas/

a audiencias y ser visitados por trabajadores sociales, pero están seguros. Hay quien dobla rodillas cada noche, de lejos y de cerca. Dios es evidente porque alguien de los suyos dijo «sí».

La otra noche, Noemí rebosaba de alegría porque la bebé de poco más de un año le dio a entender que quería terminar su día orando. Juntó las manos de mi amiga entre las suyas, y las cerró mientras inclinaba su cabeza. A escasas tres semanas de su llegada a este oasis que se llama familia, donde la rutina incluye hablarle a Dios y donde se manifiestan pequeñas evidencias de que Su reino está estableciéndose en la tierra. Una pequeña vida que a los ojos del mundo no vale mucho, que es una cifra más, realmente vale la sangre del mismo Hijo de Dios, que juntó Sus propias manos para orar tantas veces mientras sufría como uno de nosotros. Él la tiene segura en Sus propias manos y hoy usa las manos de Noemí para calmarla. Porque ella dijo «sí» cuando Él llamó, y así se convirtió en una oración contestada.

No son muchos los que se apuntan para ubicarse en la primera fila de la batalla. Esta puerta es realmente estrecha. Pero Dios ha oído nuestro clamor y ¡está despertando a la iglesia en Latinoamérica! Más que nuestro clamor, Él escucha y traduce los llantos de niños que viven en el limbo. Él no hace oídos sordos. Parece tardar, pero está en marcha y nos está llamando, porque Su carácter lo mueve a darse por el que es completamente incapaz de pagarle de vuelta. Este Dios es el que se pronuncia a favor del débil, pequeño y despreciado a un costo personal inconcebible. Este es el Cristo que salvó muriendo. Esto es acogimiento temporal, y se necesitan soldados dispuestos a morir en batalla. Morir a sí mismos. A su comodidad. A su agenda. A su deseo de usar su vida para satisfacer deseos egoístas. Soldados que levanten la bandera del amor y que, con un arrullo a la vez, le digan al mundo que la vida vale porque es de Dios y que cada niño está creado a Su imagen, que están dispuestos a gastarse para la gloria de Dios, ejerciendo ministerios privados, sacrificiales, sencillos y de muchísimo valor a los ojos del Señor. Hombres y mujeres que estén dispuestos a amar profundamente para eventualmente soltar. Invertirlo todo bajo la sola garantía de que si Dios llamó, Dios sostendrá y Dios premiará, aun si el mundo entero no comprende y navega en contra.

Acoger a un niño es empeñarse en ser un vaso que derrame el Agua viva sobre tierra seca. Es amar para soltar. Es ver de cerca la injusticia y derramar lágrimas delante del Único capaz de restaurar todas las cosas y confiar. Es amar como fuimos amados: cuando menos lo merecíamos; en realidad, sin merecerlo. Es amar al niño y a su familia de origen, tan rota cómo está, porque finalmente nos vemos a nosotros mismos en su reflejo.

Como lo dice elocuentemente Jason Johnson en su blog:

La belleza del acogimiento temporal retumba con el quebranto que lo rodea. A la luz del evangelio, es nuestro privilegio agacharnos y gatear hacia la historia de otros, porque Jesús entró a la nuestra. Somos llamados a envolvernos de su quebranto y voluntariamente ser quebrados por ello; a intercambiar nuestra normalidad por la suya y la suya por la nuestra y comenzar a escribir una completamente nueva y mejor normalidad juntos. [39]

No todos son llamados a sostener esas manitas antes de dormir para orar, pero todos los que han sido sostenidos por la gracia de Dios, son llamados a sostenerse unos a otros. No todos son llamados a acoger o adoptar, pero a todos se nos ordenó que sobrellevemos las cargas los unos de los otros y cumplir así la ley de Cristo. Entonces, mientras Noemí sostiene a esa pequeña y le enseña a orar, alguien más los sostiene en oración y comparte con ellos lo que Dios les da, porque hoy, ¡una hermana también dijo que sí!, y ayudó a Noemí y su familia, aun sin conocerlos. Así funciona este reino. Noemí dijo que sí a recibir a esos pequeños y alguien más dijo que sí al proveer para cubrir lo que faltaba.

Todos somos parte del plan del Señor para construir un puente en el abismo que mantiene a tantos niños en el limbo.

---

[39] http://jasonjohnsonblog.com/blog/foster-care-their-story-changes-ours

Somos la respuesta a las oraciones de alguien más, somos soldados en este ejército del Dios que murió para dar vida, y nuestra bandera es el amor.

¡Defiendan a los pobres y a los huérfanos!

¡Hagan justicia a los afligidos y a los menesterosos!

(Sal. 82:3, RVC).

¿Y ahora qué hago?

Cuando la gente se entera de que nosotros adoptamos, muchas veces nos dicen: «Eso no es para cualquiera; es un llamado especial, los felicitamos». En cierto modo, es verdad, la adopción no es para todos. Lo que no es verdad es que el problema de la niñez vulnerable es para una élite súper cristiana (porque no existe tal cosa). Si el Señor nos abrió los ojos, el llamado a ser Suyos incluye meter las manos donde Él las mete; andar en aguas profundas, donde Él anda; y llorar por lo que Él llora. Entonces los niños en riesgo y sus entornos sí son problema de todos los que somos Suyos. Aun si nuestra familia no puede adoptar o dar acogimiento temporal. No hay atajos o respuestas sencillas, pero les presento algunas ideas concretas para animarlos a comenzar a reflexionar al respecto.

Pregunta a Dios: «¿Cómo me quieres usar?»

Esto es medular. Si vemos la necesidad y nos duele es porque Dios nos está despertando. Al reconocer Su voz, hagamos como Samuel y digamos: «Habla, que tu siervo escucha» (1 Sam. 3:10) y esperemos respuesta. Por experiencia les digo, Dios les va a contestar, porque Sus niños lloran y Él los está oyendo.

Nosotros —especialmente si estás leyendo este libro— somos respuesta a esas oraciones, y si nuestro corazón está dispuesto a SERVIR, veremos respuestas. A menudo, en el podcast *Religión pura*, David y yo decimos que si las personas que están considerando «hacer algo» no están dispuestas a empezar orando por un niño, probablemente necesitan examinar sus motivaciones y quizás no están listas todavía para emprender este camino, que es bastante largo e intenso. Comenzar calibrando nuestras emociones y pensamientos frente al Rey del cielo y la tierra es un ejercicio que nos mantendrá enfocados, humildes y seguros en Él y Su obrar.

En la medida que avancemos, encontraremos que orar no es una ayuda extra, sino que es como el mismo aire, y al ir encontrando alivio y descanso allí, querremos regresar y nos preguntaremos: ¿cómo es que intentaba hacer esto sin la oración?

Apoya con becas, cuentas de luz, gas, mercado, honorarios de profesionales

Ser voluntarios en la Alianza Cristiana para los Huérfanos (ACH) nos pone frente a tantas historias. Una de ellas es la de una amiga misionera que trabajaba en un orfanato. Los recursos eran tan escasos que hasta bajó de peso, porque en las noches solo podían hacer una sopita rala para que alcanzara para todos los niños. A veces se quedaban sin luz o gasolina para viajar a las audiencias, pero los voluntarios (con la mejor de las intenciones) deseaban llegar a darles pastel y un espectáculo de payasos.

Aunque la tendencia en Norteamérica y Europa es que la institucionalización de niños irá desapareciendo, aún es una realidad en Latinoamérica, por lo que la iglesia debe involucrarse. A veces, una manera relativamente fácil de comenzar es presentarnos y, con sinceridad y humildad, preguntar: «¿En qué les podemos servir?»; no solo ir y decir: «Hemos pensado hacer esto por ustedes».

Debemos estar dispuestos a dar lo que no habíamos pensado y, a veces, ni tener contacto directo con los niños. Como dijo mi amiga Sarita de Ruano en un taller: «No se ve tan bonito en Facebook, pero esto bendice más a los hogares de protección que muchas de las cosas que usualmente se reciben».

Preguntémonos constantemente: ¿quiero bendecir o ser visto? ¿Quiero realmente ayudar o que me aplaudan? ¿Quiero servir o servirme para aplacar mi conciencia?

Al final, pide al Señor que pese tu corazón, cuídate así:

> *Cuídense de no hacer sus obras de justicia*
> *delante de la gente para llamar la atención. Si*
> *actúan así, su Padre que está en el cielo no les*
> *dará ninguna recompensa. Por eso, cuando*
> *des a los necesitados, no lo anuncies al son*
> *de trompeta, como lo hacen los hipócritas en*
> *las sinagogas y en las calles para que la gente*
> *les rinda homenaje. Les aseguro que ellos ya*
> *han recibido toda su recompensa. Más bien,*
> *cuando des a los necesitados, que no se entere*
> *tu mano izquierda de lo que hace la derecha,*
> *para que tu limosna sea en secreto. Así tu*
> *Padre, que ve lo que se hace en secreto, te*
> *recompensará* (Mat. 6:1-4).

Piensa en el círculo del niño

Es natural que cuando planificamos una actividad con el ministerio de visitas a orfanatos o con el grupo de la universidad, pensemos exclusivamente en los niños y en agradarlos, pero piensa en el impacto que tendrás si inviertes en los que los cuidan. Ese es un trabajo demandante y en general mal remunerado. Atender a los encargados con una comida, un tiempo de oración, ayudarlos para que se capaciten en su tarea o pagarles sesiones de consejería profesional o terapia —incluso algo tan sencillo como llevarles un salón de belleza a domicilio— es un descanso que puede reanimar y traer bendición.

Mentoreo

¿Saben lo que es cumplir 18 años en un hogar de niños? Para muchos, es sinónimo de angustia, terror, soledad e incertidumbre. Porque ese cumpleaños es cuando el reloj de arena deja caer su último grano y, sin recursos, destrezas, relaciones o raíces, en la gran mayoría de los casos, esos jóvenes son lanzados al vacío.

La gran mayoría de niños en los orfanatos o instituciones no están allí por orfandad como tal, sino porque su familia no es un recurso viable (trágicamente, las razones más frecuentes son extrema pobreza, abuso sexual, violencia doméstica, abandono).

Muchos de nuestros niños latinoamericanos —sí, son nuestros— que pasan su niñez en el sistema de protección, la pasan sin un modelo familiar, sin apego a alguien seguro y sin la red de apoyo que Dios diseñó. Y así se «gradúan» del sistema.

Aun los jóvenes que tienen la bendición de contar con programas de transición que les proveen oportunidades, necesitan lo más invaluable: pertenecer. Tener la seguridad de que son de alguien y que tendrán un lugar seguro al cual correr porque se sienten amados sin condición.

Durante la época navideña, los hogares de niños son atiborrados de visitas, regalos y comida. No está mal, pero podemos hacerlo mejor. Ir una vez al año es una bendición, pero decidir aparecer con constancia, dispuestos a servir y entablar una relación, cambia la vida.

¿Qué tal si aparecen una vez al mes en la vida de un niño? Mes a mes, enseñando cómo se come, cómo se ahorra, cómo se pide perdón, cómo se lee la Biblia. Sin duda, llegar apoyado de esa manera a ese cumpleaños de 18 puede significar esperanza. ¿Qué tal si invitas a tu mesa a una chica en esa etapa de transición? Hacer discípulos no está restringido a una plataforma —digital o física—, sino que debe suceder orgánicamente en tu propia cocina, en una cafetería, al participar en la vida de alguien más joven que anhela ser guiado y muy probablemente no sabe cómo pedirlo, porque no sabe siquiera reconocer esa necesidad.

Invierte en prevención

Si tomamos en serio la Gran Comisión, los cristianos somos el agente preventivo más fuerte que existe en el mundo. Somos muchos, estamos en todos lados, ¡y no dependemos de nuestra astucia! El otro día, oí el testimonio de la psicóloga de un orfanato, que me movió a las lágrimas. Ella estuvo presente en una audiencia en donde una jueza estaba definiendo si reuniría a una madre sola y de escasos recursos con sus niños. Cuando le preguntó cómo iba su situación, la mujer le contó que unas señoras de la iglesia la estaban ayudando a poner un negocio pequeño, y la iban a apoyar con los niños. La jueza las mandó a llamar para constatarlo y se corroboró lo que dijo. Yo lloraba al oír que la fidelidad de Dios sigue expresándose a través de Su cuerpo.

Haremos proezas si hacemos lo que está dentro de nuestras posibilidades, que es exactamente lo que Él pide. Busca programas comunitarios que estén frenando los ciclos de violencia y pobreza de manera responsable e integral en tu comunidad y país. ¡Apóyalos!

Ora por los que ya estamos aquí

El llamado es duro. La vida junto a los niños de orígenes difíciles demanda una entrega total. En el camino, nos damos cuenta de que no se puede vivir esta vida sin morir a nosotros mismos, y morir nunca es divertido. Vemos nuestros límites como nunca antes y necesitamos caminar en dependencia al Señor cada día. Comprender a nuestros niños no siempre es fácil y las fuerzas, la paciencia y la perspectiva pueden perderse con suma facilidad.

Las familias adoptivas, los directores de las instituciones, los padres de acogimiento temporal, los trabajadores sociales, los psicólogos y toda la rama de trabajadores involucrados con los orfanatos necesitamos fuertemente que vayan al Padre y se unan a nosotros en oración delante de Su trono. No serán solo palabras al aire; serán corazones dispuestos a poner atención a dolores que parecían ajenos. Al hacerlo, sentirán más de cerca el corazón de Dios.

Al final de este capítulo, encontrarás algunas oraciones que pueden ayudarte.

Haz una fiesta

Hace un tiempo, recibimos la noticia de un embarazo en medio de una situación no ideal. Mis niños me vieron llorar y también me vieron amar a esa mamá. Hicimos un baby shower porque necesitaba cosas. Pero mucho más que eso, ella necesitaba saber que no iba a estar sola y que esa nueva vida traía el sello de Dios. Se trata de una fiesta en donde se celebra que somos frágiles, que somos amados y que no podemos solos. Declarar esto trae grandes ganancias para el alma.

Como ya habrás notado, aprecio mucho más estos festejos ahora, porque hoy sé lo que se siente cuando el origen no fue una fiesta, sino algo más parecido a una pesadilla, cuando el resultado positivo trae lágrimas, pero no de alegría. Convivo con dos pequeñas que no recibieron fiestas de bienvenida ni palabras de aprobación. Que no tienen fotos de su pastel de baby shower, ni de la pancita que las portó; tampoco esas fotos haciendo caritas ni videos que muestren la torpeza de los primeros pasos o la sonrisa amplia y desmuelada o «cholca» (chimuela).

Desde que adoptamos, me aseguro de celebrar a cada embarazada que conozco y también a cada corazón ilusionado que espera la llamada del «niño asignado». Procuro que oiga con claridad que esa nueva vida no es un error, sino un regalo de Dios, porque mis hijos escuchan. Al hacerlo, ellos aprenden lo que pienso de sus propios orígenes. Ser pro-vida no solo es un pañuelo celeste y una marcha…

Mi hija mas pequeña ora a menudo: «Gracias Señor por la vida de la bebé. Gracias porque su mamá decidió tenerla y cuidarla. Ayúdala y bendice al papá…» (que, por cierto, no está en la escena). Nuestra chiquita nos enseña mucho. Ella sabe que había otras opciones, porque hemos hablado del aborto y porque su propia madre biológica escogió no quedarse con ella.

Los vientres llenos de vida se protegen en nuestra casa desde la manera en que abrazamos al hablar. Desde que decimos: «Aquí estamos», estamos diciendo: «No necesitas ser una madre sola, ¡hay esperanza!». Podrá ser duro, pero no necesita ser solitario. Nos tenemos el uno al otro. Hagamos un baby shower o una fiesta de bienvenida para el nuevo hijo. Preparémonos para amar como hemos sido amados, y después de barrer el piso y recoger la mesa, sigamos estando presentes. Celebremos nuestra debilidad y rodeándonos de amor, contemos la historia del Dios que nos amó sin nosotros merecerlo.

Esto no es glamoroso, porque es un llamado a morir. Es el llamado de Jesús de Nazaret, de venir a tomar nuestra cruz y seguirlo adonde las luces no nos enfocan, las bocinas no amplifican nuestra voz y solo Él ve. Vamos. La recompensa es enorme: un corazón quebrantado y simultáneamente gozoso, de tener esa esperanza eterna, de saber que ya regresará Aquel que nos conoce a cada uno por nuestro nombre.

Una nota para los padres que están considerando la adopción o acogimiento temporal y tienen hijos biológicos

Hace un tiempo, invitamos al podcast a mis dos hijos biológicos para grabar un episodio. Aunque David y yo nos pusimos de acuerdo y definimos las preguntas claves, no estuve en la grabación, para evitar intimidarlos o inhibirlos (queríamos respuestas naturales). Después de que salió al aire, noté que uno de los detalles que más llamó la atención de muchos fue que Juan Marcos decía: «Yo quería adoptar», «cuando adoptamos». Es evidente que su corazón siempre estuvo involucrado; después de todo, él fue quien hizo la famosa pregunta: «¿Cuándo vamos a adoptar a alguien?». Así que su rol en la llegada de sus hermanas fue determinante en nuestro caso, pero no siempre es así.

Consideren la edad de sus niños

Jackie Darby, una hermana muy querida, fue adoptada y compartió su perspectiva en el *podcast*. Nos dijo que, así como los padres no consultan a sus hijos cuando van a concebir biológicamente, no deberían hacerlo cuando piensan adoptar. En cierto modo, comprendo su postura. Este es un asunto de vida o muerte y la mayoría de los niños (aun de los adolescentes) no es capaz de medir el enorme impacto que podría tener tal decisión sobre el desenlace de una vida. Entonces, siempre recae sobre los padres la responsabilidad de la decisión final. Además no estoy de acuerdo cuando se habla sobre la adopción como una manera de «conseguirle un hermanito» al hijo que ya está en nuestra vida. Eso me produce una sensación incómoda y me hace pensar que quizás les convendría más considerar una mascota. Uno no adopta para hacer feliz a otro niño —ni a nadie más—, como ya vimos.

Es obvio que no será lo mismo hacer trámites de adopción cuando los hijos biológicos tienen tres años que cuando tienen doce. Como con todo lo demás, vamos a hablarles y hacerlos partícipes de la decisión de acuerdo con su etapa de desarrollo y madurez. Si es algo que Dios ha puesto en sus corazones desde el inicio de su matrimonio, háblenlo abiertamente y que sea parte de la cultura en su casa.

Si es algo que ha surgido cuando ya se tenía una familia conformada, necesitan orar y comenzar a introducir el tema con preguntas al ver películas que hablen al respecto, conversar con familias que hayan adoptado y, sobre todo, verlo juntos en la Escritura.

Como todo lo que Dios llama a hacer, no hay garantías, excepto Su presencia, la cual es siempre ganancia.

Acérquense confiadamente orando juntos...

Por la adopción:
Señor, éramos extranjeros, separados de ti, enemigos de tu nombre, pero en amor, nos predestinaste para ser adoptados como hijos para la gloria de tu nombre (Ef. 1:4-5).

Hemos experimentado tu amor sacrificial en lo que hiciste al vestirte de carne y hueso y morir en la cruz en intercambio con nosotros, para traernos a tu propia casa y darnos un nuevo nombre.

Hoy, rogamos que tu Iglesia se levante y haga visible ese evangelio. Que muchas más familias te digan: «SÍ» y, en obediencia gozosa, den la bienvenida a niños que hoy por hoy sufren sin raíces o verdadera identidad.

Que puedan comprobar que todos los niños son herencia de Dios y de gran estima. Que al ser padres para tu gloria, mueran a ellos mismos, y veamos un reino fuerte que abrace al débil.

Que rompas las ideas humanistas acerca de la paternidad y que tu pueblo brille como debe: sacrificándose como tú te sacrificaste, dando todo al que no tiene nada.

Que no nos amedrente aceptar el reto de abrazar como nuestros a niños mayores o grupos de hermanos; que sí nos ATERRE no hacer tu voluntad.

Que las iglesias se inunden de familias multicolores que te necesiten más porque han decidido obedecer y vivir por fe.

Que más púlpitos prediquen sobre cómo TÚ nos adoptaste y que eso sea motivo de nuestra mayor alegría.

Que muchos más hijos biológicos puedan abrir sus corazones para recibir hermanos con los cuales compartir sus papás, abuelitos, tíos, primos, cuartos, juguetes y comida.

Que en unos años veamos una generación menos embriagada de sí misma y más decidida a hacer tu voluntad, como resultado de que sus padres no tuvieron miedo de adoptar.

Que más niños que hoy se rigen por el miedo sean liberados al amor por hombres y mujeres que digan «sí» a la adopción.

En el nombre de Jesús, amén.

Por las familias de acogimiento:
Señor ¡cuánto duele ver a nuestros niños heridos por quienes deberían protegerlos! Muévenos hacia una solución que te glorifique.

Los hogares de abrigo y protección en nuestro entorno están luchando y están llenos de pequeños que podrían regresar a casa si tan solo nos pusiéramos en marcha.

¡Despiértanos Señor! Haznos un ejército de amor sacrificial que tenga como meta el bien final de cada niño, aun a expensas de nosotros.

Trae a más familias dispuestas a ser un oasis en la vida de tantos niños que sufren de audiencia en audiencia y de institución en institución.

Levanta hombres y mujeres dispuestos a ver con amor a cada familia biológica que, por falta de conocimiento, recursos y más que nada, falta de ti, está rota y poniendo en riesgo a sus niños.

Que haya más gente que oiga tu voz para pelear la buena

batalla de sanar corazones heridos con tu presencia, destrezas, trabajo duro y amor incondicional.

Que veamos a tu Iglesia tomando la delantera en la reunificación familiar. Que muchísimas familias biológicas que hoy tienen hijos en hogares de protección puedan dar testimonio de su restauración por el trabajo de tu Espíritu a través de los tuyos en un futuro cercano.

En el nombre de Jesús, amén.

Por los jóvenes en conflicto con la ley:
Señor, hoy venimos delante de ti para pedirte por los jóvenes que tienen conflicto con la ley y que se encuentran privados de libertad.

Sabemos que ningún joven llega allí sin razón. Les hizo falta tanto... principalmente, adultos seguros que los amaran y corrigieran cuando eran pequeños. La sociedad preferiría no tenerlos, pero nacieron porque tú los diseñaste y los puedes redimir para tu gloria. Que tu Espíritu los traiga al arrepentimiento para entablar una relación contigo.

No hay casos demasiado difíciles para ti, Dios todopoderoso. Haznos verlos con tus ojos para quererlos con tu corazón. Usa nuestras manos para que te conozcan.

Que tu Iglesia rompa sus prejuicios para llegar y ser el amor que no han conocido. Ayúdanos, Señor. Esto es imposible sin ti.

En el Nombre de Jesús, amén.

Por el personal de las instituciones privadas y públicas:
Gracias Dios, porque tú conoces a todos los cuidadores, psicólogos, maestros, administradores, tutores, trabajadores sociales y todos los demás que trabajan en los hogares de protección del sector privado y público. Conoces sus necesidades más profundas.

Ser un cuidador encargado de sanar heridas tan graves y enfrentar los dolorosos efectos de los traumas a diario es una tarea titánica o imposible; por eso corremos a ti.

Señor, aleja a quienes deciden involucrarse y trabajar con niños por necesidad y sin amor. Que aquellos que te conocen sean la sal que pare la corrupción y la luz que descubra la suciedad que se esconde. Que los buenos trabajadores, que aman realmente a los niños y trabajan para propósitos mayores a un cheque, puedan contagiar con su ejemplo y pasión a los que no saben cómo llevar a cabo su rol.

Señor, que más voluntarios piensen en servir a los que cuidan a los niños de orígenes difíciles. Que más cristianos lleguen a ser sus amigos, consejeros, oasis de sabiduría e incluso de diversión en medio de sus rutinas agotadoras.

Por favor, trae más jóvenes a practicar sus profesiones con un corazón deseoso de ver tu gloria. Que más y más se preparen para caminar con el quebrantado.

Inunda sus vidas de bondades usando nuestras manos.

En el nombre de Jesús, amén.

Por los jóvenes de 16 a 18 años que viven institucionalizados:
Padre bueno, tú has visto las lágrimas de los jóvenes que, angustiados, ven cómo el reloj marca las horas, días y años y no pueden desarrollarse en un ambiente donde no tengan que luchar por sobrevivir.

Ten misericordia de todos aquellos que perdieron las esperanzas de pertenecer a una familia, que creen que son indignos de amor o incapaces de formar relaciones saludables. Reemplaza sus ideas llenas de mentiras con tu Palabra. Llévanos adonde están para decirles que no los has olvidado y que pueden descansar en ti.

Señor, ¿cómo vamos a exigir que sean hombres y mujeres de bien cuando nosotros nos hemos negado a involucrarnos en sus vidas?

Ayúdanos a tomar fuerzas al someternos humildemente a tu ley y llegar a guiar, consolar, corregir y simplemente estar y escucharlos, en amor.

Que puedan salir del hogar de protección a congregaciones que les ofrezcan mucho más que un saludo amable.

Gracias porque fielmente eres tú quien hace habitar en familia a los desposeídos (Sal. 68:6).

En el nombre de Jesús, amén.

Por los niños con capacidades diferentes y los que los protegen:
Padre, para la gran mayoría de nosotros, los niños que tienen capacidades diferentes (especialmente los que están institucionalizados) son desconocidos, pero tú los moldeaste con tus propias manos, como declara el Salmo 139.

Como tus pensamientos son mucho más altos que los nuestros, nos cuesta comprender por qué escoges diseñarnos con tantas diferencias, pero sabemos que cada uno de ellos es valioso para ti y una obra maravillosa, porque porta TU imagen.

Como cristianos, conocemos tu Palabra y nuestra mente ha sido cambiada, entonces amamos a nuestros niños porque son tuyos, no por lo que puedan lograr o por cómo se desempeñan.

Perdónanos porque, como sociedad, preferimos huir y esconder todo lo que nos parece molesto o débil; perdónanos por dudar de tus planes perfectos para nuestras familias.

Ayúdanos a aliviar las cargas financieras, de cuidado físico o emocional para quienes han recibido como bendición a un hijo con capacidades diferentes.

Ayúdanos a ser como tú, que siempre corriste a amar a los más débiles. Que menos niños necesiten ser separados de sus familias porque más cristianos se acerquen a sobrellevar sus cargas.

Danos empatía y ternura para quienes tienen retos de este tipo.

Gracias por dejar escrito en tu palabra que la culpa no es ni del niño que nace diferente ni de sus padres (Juan 1:3). Que logremos ver que Dios se glorifica también cuando un niño no se sana.

Cambia nuestra mente y corazón.

En el nombre de Jesús, amén.

Por la familias latinoamericanas:

Padre bendito, tú nos diseñaste para habitar en familia y bajo tu cuidado amoroso y perfecto, pero al principio de la humanidad, todo se rompió y en Adán todos caímos (Gén. 3; Rom. 5). Desconfiamos de tu amor y preferimos tomar atajos que traen consecuencias dolorosas y hasta muerte, pero gracias al Señor Jesús, Hijo perfecto del Padre perfecto, quien nos reconcilió contigo por Su sangre, ahora podemos recibir corazones nuevos para proclamar con nuestros estilos de vida en nuestras familias que eres poderoso y que tu plan sigue en pie.

Ayúdanos a no amoldarnos al pensamiento de este mundo y este tiempo, sino que tu Palabra nos dé otra forma de pensar completamente diferente (Rom. 12:2).

Que los varones peleen por ser líderes amorosos y dispuestos a sacrificarse, que no dudan en correr a ti en su debilidad. Que muestren al mundo tu luz en su paternidad extraordinaria, por su responsabilidad y cuidado. Que amen a sus esposas como Cristo ama a la iglesia (Ef. 5).

Que las mujeres estén satisfechas en ti para recibir de ti su verdadera identidad. Que confíen en el poder transformador de tu Espíritu para sus propias vidas, las de sus esposos e hijos. Consuela sus corazones con tu Palabra.

Que los hijos puedan ver a padres que fallan pero piden perdón, que se dan en servicio el uno al otro.

Que nuestros niños no deban llegar a ser institucionalizados, sino que por tu intervención perfecta, haya sanidad en casa. Jesús, usa a tu iglesia para que esto pase.

En tu nombre, amén.

Por las víctimas de abuso sexual:
Padre nuestro, es una pesadilla ver las estadísticas... ¿cuatro de cada diez niños sufrirán abuso sexual estando nosotros en el planeta? No podemos callarnos, Señor, y nos estás llamando a la acción.

Sabemos que no estás inactivo al ver a los niños que has hecho con amor y propósito ser víctimas de abuso. Sabemos que eres un Dios justo y omnipresente que está por regresar a restablecer el orden, y que tu ira se está acumulando para aquel día.

Padre santo, abre nuestros ojos, que no tengamos temor de ver la realidad y hablarla. Que rompamos el silencio para traer luz a la oscuridad. Que más niños sean puestos a salvo ¡pero sin sufrir más!

Dales valor a las madres y abuelas, padres y demás adultos que saben que el abuso ocurre. Que la iglesia corra a darles recursos y ayuda para que puedan dar pasos concretos y sabios. Que los adultos responsables puedan buscar justicia a tiempo sin revictimizar a los niños.

Fortalece los sistemas de justicia con hombres y mujeres rectos que te teman, Señor, y leyes que amedrenten a quienes planean el mal.

Restaura y sana completamente a nuestros niños abusados. Jesús, si tú no haces ese trabajo, toda la terapia del mundo no será suficiente. Que puedan conocerte para dejar su caso a tus pies, y caminar a su edad adulta en libertad.

Que los abusadores sean abrumados con tu amor, para que venga una ola de esa tristeza que produce esperanza (2 Cor. 7:10). Que esta lave y produzca el arrepentimiento que salva, aun cuando les toque enfrentar las consecuencias.

Ayúdanos a confiar en ti para lidiar con los niños que han perdido su inocencia y que ven el mundo a través de lentes sucios. ¡Sálvanos!

Nada hay imposible para ti.

En el nombre de Jesús, amén.

Anota y medita

¿Conoces a alguna familia que esté en vulnerabilidad? ¿Y a algún niño?

Anota sus nombres y su necesidad. Ora por ellos. Ve cómo puedes servirles.

Conclusión

Para siempre:
nuestro verdadero final feliz

Oí una potente voz que provenía del trono y decía:
«¡Aquí, entre los seres humanos, está la morada de
Dios! Él acampará en medio de ellos, y ellos serán su
pueblo; Dios mismo estará con ellos y será su Dios. Él les
enjugará toda lágrima de los ojos. Ya no habrá muerte, ni
llanto, ni lamento ni dolor, porque las primeras cosas han
dejado de existir».
Apocalipsis 21:3-4

L a escena de la cachetada. Esa es mi escena favorita en toda la película. Si viste la película *Instant Family* [Familia al instante], la recordarás, y si no la viste aún y planeas verla, brinca hasta el próximo párrafo, porque te la voy a *espoilear*.

En general, Hollywood presenta historias de adopción con el clásico «¡y vivieron felices para siempre! Colorín colorado, este cuento se ha acabado». Al parecer, en esos guiones, no hay tal cosa como el dolor del abandono, la pérdida o el duelo. Sin embargo, aprecio las películas que al menos hacen el intento de pintar escenas más apegadas a la realidad, y la que mencioné es una de ellas.

Amo la escena en la que el papá, en su desesperación, llega a buscar a la familia que los había inspirado en un principio, para que los volviera a enamorar con su preciosa historia de redención. Lo que llegan a encontrar es a unos papás amando a una hija de orígenes difíciles, que aún luchaba con las consecuencias de sus traumas. Incluso siendo adulta, necesitaba ingresar a una clínica de rehabilitación. Es muy valioso considerar que no hay garantías.

La tragedia de la cual han emergido nuestros hijos no se borra con la adopción, y nuestros mejores esfuerzos no pueden saciar sus necesidades más profundas y urgentes. De paso, te digo: nuestros hijos tampoco tienen la capacidad de borrar nuestros traumas o saciar nuestras necesidades. Alabado sea Dios que ese no es el propósito de hacernos familia, porque soy una «diosa» horrible y una «salvadora» extremadamente mediocre y en ese sentido, mis cuatro hijos salieron idénticos a mí, así que no funcionaría de todos modos.

Nuestras raíces no pueden estar en ninguna relación humana,

porque las relaciones humanas no están hechas para eso. Ningunos hombros humanos soportan el peso de nuestra expectativa... nunca conviene entretener el pensamiento: «Él (o ella) me hará feliz», porque solo puede ser verdad si del Señor se trata.

Fuimos hechos para pertenecer unos a otros, para amarnos entrañablemente y para que a través de los roces y estirones, seamos santificados. La relación entre madre e hijo ciertamente cumple con todo eso, pero si espero conseguir mi validación y mi felicidad a través del desempeño de mis hijos, me voy a volver loca y seguramente los desesperaré a ellos. Al final, Jesús nos llama a profundizar nuestras raíces en la relación con Él, porque solo de esa relación podrá brotar la alegría de abrazar la maternidad o cualquier otro rol o ministerio, sin perder ni la fuerza ni el corazón cuando las cosas no marchan como quisiéramos.

Si el Señor nos dice «dame tu corazón» (Prov. 23:26), es porque no existe otro lugar donde nuestro corazón esté libre de riesgos. Solo las manos del Señor pueden servir para sostenerlo porque solo esas manos con cicatrices de clavos permanecerán, aunque se detonen cien bombas nucleares y todo lo demás desaparezca.

Si nuestra identidad está anclada profundamente en la persona de Cristo y creemos que Su obra perfecta ha sido atribuida a nuestro nombre, los días —o años— malos serán lijas que nos pulen, no mazos que nos destruyan. Mientras tanto, seguimos siendo Suyos.

Mi identidad no es «mamá». ¡Es hija! Podemos regocijarnos en el evangelio. Si hemos recibido la convicción de nuestro pecado, reconocemos que Jesús es el único capaz de saciar las demandas del Padre, dejamos de tratar en nuestras fuerzas y estamos comenzando a dar frutos de arrepentimiento, entonces hemos sido sellados para el día final, ¡y estamos esperando el día de ir por fin a casa!

> *Alabado sea Dios, Padre de nuestro Señor*
> *Jesucristo, que nos ha bendecido en las*
> *regiones celestiales con toda bendición*
> *espiritual en Cristo* (Ef.1:3).

Finales felices y éxito a la manera de Dios

Si son como yo, se quedan al final de la película (sobre todo si está basada en hechos reales) hasta después de los créditos, para ver si muestran qué pasó con los protagonistas. Bueno, esta porción es algo como eso, aunque las historias de estos personajes todavía están escribiéndose.

Los del «orfanato secreto»

Los niños del orfanato secreto ya viven más libres y sus papás también. Libres en el sentido de confiar más unos en otros porque después de cada consecuencia natural a sus acciones, han ido aprendiendo que vivir dependiendo de ellos mismos no solo no funciona, sino que cansa demasiado. Sin embargo, la lucha por sus corazones continúa. La adolescencia ya entró a la sala y nuevos retos se asoman. Pero con la ayuda de Dios, una rutina predecible, respuestas amorosas y límites claros, esos muchachos van a estar bien. Ya no esconden gaseosas en el armario.

Sandra

La pequeña Sandra (la hija de la misionera que le levantó el dedo a Dios) debería escribir su propio libro. Solo les diré que es una de las mujeres que me tuvo paciencia y amor, e invirtió en mí cuando yo era una recién casada y mamá primeriza.

Ella me ha enseñado más de perseverar en el Señor y Sus promesas que casi cualquier otra persona que conozco. Por ella, aparezco en los funerales sin decir demasiado y ofrezco un vaso de agua a los deudos. Lo hago porque ella me ha contado lo que se sienten esas primeras horas, días y años, sin su único hijo.

Ella y Norman adoptaron a Dustin de recién nacido y lo amaron desde el primer momento. Dios se los prestó 21 años. Nunca olvidaré lo que me dijo llorando cuando estábamos sentadas en el auto en un estacionamiento —por cierto, con el dedo levantado—: «Escúchame bien: aun el peor día con ellos será mejor que el mejor día sin ellos. ¡Ámalos!». Hace 17 años que lo extrañan, y la última vez que los llevé de paseo a la Antigua Guatemala, a media caminata, ella se paró en la acera y nos dijo: «Todo está bien. Nosotros estamos disfrutando de la Antigua contigo, el cielo es celeste y Dustin está con Jesús».

Edwin

A raíz de haber recibido el apoyo y la amistad incondicional de un joven cristiano que le mostró el ritmo de un verdadero hogar, Edwin Aguilar salió del orfanato con esperanza. Hoy es mentor de ocho niños del orfanato del cual salió. Los visita cada mes sin falta, aunque ahora debe viajar unas ocho horas para llegar, porque vive en el centro de misiones El Faro, en la costa del Atlántico de Guatemala. Ha recibido de parte de Dios la convicción de apoyarlos hasta la universidad.

Todavía no ha hecho contacto con ningún miembro de su familia biológica, pero el guardián con el que pasó aquellas Navidades consiguió su número y lo llamó la Navidad pasada para decirle que siempre supo que iba a ser un buen hombre. Recientemente, nos hizo llorar cuando, al terminar su participación en una conferencia, dijo: «El otro día iba en el centro comercial con mi libro favorito en una mano y un cono de helado en la otra. Mientras bajaba por la escalera mecánica, me veía tan dichoso... la gente habrá pensado que estaba loco, porque se me saltaban las lágrimas. Ahora pienso que debí ser más agradecido de haber pasado todo lo que pasé».

Los López García

Al momento de escribir este libro, nuestros niños ya no son tan niños. Van de 17 a 12 años. Ya pasaron seis años desde la primera adopción. Puedo decir que hasta aquí nos ha ayudado el Señor. No hay día en el que no tenga que respirar profundo y rogar por la ayuda de Dios, porque aún hay días muy difíciles (¿leyeron bien?... son CUATRO adolescentes), pero he llegado a amar cada etapa y atesorar cada prueba y alegría.

También he descubierto que los perros viejos sí aprenden trucos nuevos (¡hablo por mí!). Soy feliz de dar testimonio de que después de ser confrontada por Dios acerca de muchas de mis actitudes y respuestas en mi relación con mis hijos, hoy soy más intencional en mi manera de responder ante lo que —según he llegado a comprender— es mi propia frustración y deseo de control. Como resultado, hoy hay más risas, porque hay más confianza. También hay más «perdóname» y más abrazos.

De cualquier modo, apenas comienza el viaje, así que sé que habrá un millón de pequeñas lecciones más que nuestro Padre nos proveerá amorosamente, producto de Su gracia. Cada oración que hacen en nuestro favor es un regalo que no tendré cómo pagar.

Para siempre

Está probado que, de este lado de la eternidad, no podemos alcanzar el final feliz perfecto que tanto anhelamos. Esa realidad nos está indicando que existe algo para lo cual fuimos hechos, que no está en este mundo. C. S. Lewis decía: «Si encuentro en mí deseos que este mundo no puede satisfacer, la única explicación lógica es que fui hecho para otro mundo». Al final, escondidos en nuestro Hermano mayor y sellados por Su Espíritu Santo, escucharemos la hermosa voz del Padre diciendo: «Este es mi hijo amado, en quien estoy complacido» y sabremos que por fin llegamos a casa.

Solo en Dios halla descanso mi alma;
de él viene mi esperanza.
Solo él es mi roca y mi salvación;
él es mi protector y no habré de caer.
Dios es mi salvación y mi gloria;
es la roca que me fortalece;
¡mi refugio está en Dios!
Confía siempre en él, pueblo mío;
ábrele tu corazón cuando estés ante él.
¡Dios es nuestro refugio! Selah
(Sal. 62:5-8).

Recursos recomendados

Libros

Timothy Keller, El Dios pródigo: Recuperemos el corazón de la fe cristiana. Editorial Vida, 2011.

Karyn Purvis, El niño adoptado: Cómo integrarle bien en la familia. Ediciones Medici, 2010.

Steve Corbett y Brian Fikkert, Cuando ayudar hace daño: Cómo aliviar la pobreza, sin lastimar a los pobres ni a uno mismo. B&H Publishing Group, 2017.

Recursos gratuitos descargables

Creados para conectar: https://ach.gt

El Espíritu Santo, R. C. Sproul, disponible en Amazon

Visita es.ligonier.org (o Amazon) para descargar la serie de libros gratuitos escritos por R. C. Sproul, incluyendo "¿Quién es el Espíritu Santo?"

Podcast *Religión pura* en todas las plataformas de podcast

Videos en YouTube

Desiring God, Documental Bloodlines sobre John Piper. https://www.youtube.com/watch?v=us-tvWT2gDo

Remember my story, ReMoved parte 2. https://www.youtube.com/watch?v=I1fGmEa6WnY

Canal Empowered to Connect. https://www.youtube.com/user/EmpoweredToConnect

Bonus Track

Carta a una madre sola

Hoy te vi en el pasillo donde solemos cumplir tantas de nuestras misiones rutinarias, donde buscamos llenar nuestras alacenas para llenar barrigas y corazones. No te costó desbordarte en peticiones por ese hijo que amas. El día que quizás temías tanto había llegado; el reclamo por tus decisiones brincó de su mente, salió de su boca y se metió en tus oídos hasta llegar a tu corazón.

Por el momento, tu muchacho tiene puestos los lentes de la adolescencia cruel, con los que ve enorme todo lo que le falta y ve pequeño el invaluable regalo que tiene: una madre que le preservó vida.

Necesito ir al Padre y hablarle de ti, porque sé que te sientes como un ancla con peso insuficiente para mantener ese barquito a salvo... porque te sientes incapaz de reparar la rotura que está inundándolo, y en las noches mientras duerme, lo ves y ruegas poder seguir enseñándole a nadar, o aunque sea convencerlo de no sacarse el chaleco salvavidas.

Y el mar está bravo.

El azul tormenta pinta su corazón. El remolino de agua que lo marea es un espejo de lo que siente y que no sabe explicar con palabras. Tú lo observas y ves un milagro, pero por el momento, él ve su reflejo en agua turbulenta y solo mira un lapso. Mira con esos lentes de adolescencia cruel y solo sabe hacer cuentas que lo dejan con restas, y pareciera que todo el capítulo que lo trajo fue un desliz.

Saca su cabeza a un lado del bote mientras lo azota la lluvia violenta y trata de ver el fondo porque piensa que es allí donde pertenece... nuestro corazón engañoso tiende a creer en el que no está, porque la ausencia de un padre tiene el poder de gritar, aun si has pasado su vida entera diciéndole un millón de «te amo» al oído. Porque el corazón de tu hijo fue hecho para estar seguramente atado al muelle del corazón de un papá. Por eso se siente a la deriva. Ese vacío debe ser llenado y tú simplemente no eres suficiente.

En este punto de la historia, lo único que ese muchacho de cielo nublado sabe ver es que no alcanzas. No temas.

Es una fortuna entender que, tarde o temprano, ningún otro mortal jamás alcanzará. Tu pequeño barco no puede imaginar un mar tranquilo porque no tiene referencia. No pienses que quiere rendirse; lo que quiere es un capitán que lo sepa atar al muelle y ser su ancla. Ese es el trabajo de los papás imperfectos... dejar ver destellos de luz para hacernos desear un día en la playa con ese Capitán infalible que jamás naufraga. Tu hijo anhela un Capitán superior e infalible y aún no se ha dado cuenta.

Hoy que los veo en medio del mar, quiero treparme a bordo, porque de eso se trata esto de ser familia: una flotilla que rodeamos con luces, lazos y salvavidas. Dios quiere y puede mandar hombres con corazones de color azul cielo, para mostrarle esperanza. Pidamos que provea. Él quiere y puede. Más Pablos para los Timoteos. Más Timoteos para los Pablos. Yo deseo remar contigo y asegurarte que el Dios hecho hombre sabe navegar muy bien. Porque sabe hacer barcos. Sabe hacer mares. Sabe deshacer olas y calmar vientos. Sabe salvar muchachos con corazón de tormenta. Tanto sabe del mar y sus achaques que duerme mientras tripula. Que habla para calmarnos. ¡Que te hable! ¡Abre Su libro! Confiémosle esto. La tormenta no fue diseñada para ahogarlos, sino para calmar las olas por dentro al mostrar que Él es suficiente. Este pequeño barquito no fue lanzado al mar para ser partido ni reparado. Fue puesto en el agua para ser hecho nuevo.